古都の12か月 おとなの街歩き
京都 旅ごよみ

Mates-Publishing

京都 旅ごよみ
古都の12か月
おとなの街歩き

古都の歳時記…5

- **1月** 睦月…6
  正月…8
  年始行事…10

- **2月** 如月…12
  節分…14
  梅だより…16

- **3月** 弥生…18
  桃の節句…20

- **4月** 卯月…22
  桜まつり…24

- **5月** 皐月…36
  GWの行事・イベント…38
  その他の行事…40
  葵祭…42

- **6月** 水無月…44
  行事…46
  花を愛でる催し…48

- **7月** 文月…50
  七夕…52
  祇園祭…54

- **8月** 葉月…58
  お盆行事…60
  その他の行事…62
  鴨川納涼床…64

- **9月** 長月…66
  重陽の節句…68
  京都ならではの
  秋の特別イベント…70

- **10月** 神無月…72
  行事…74
  時代祭…76

- **11月** 霜月…78
  行事…80

- **12月** 師走…90
  年末行事…92

【特集】
ぶらり、桜さんぽ…26
紅葉をめでる…82

contents

京都エリアMAP…94

京都駅周辺…96
三十三間堂周辺…98
清水寺…100
高台寺周辺…102
八坂神社周辺…104
祇園(四条通南)…106
祇園(四条通北)…107
祇園四条通…108
四条烏丸周辺…110
寺町通…112
真如堂・吉田神社…113
銀閣寺〜哲学の道〜南禅寺…114
平安神宮・岡崎…116
京都御所・二条城周辺…118
北野天満宮・上七軒…120
金閣寺〜龍安寺〜仁和寺…122
詩仙堂・曼殊院門跡…124
下鴨神社・上賀茂神社…126

大徳寺・西陣…128
嵐山・嵯峨野…130
松尾…132
大原…133
鞍馬・貴船…134
伏見…135
宇治…136
京都迷宮案内…138
その他の寺社MAP…140

花ごよみ…142
和菓子…146
うまいもんMEMO…150
甘いもんMEMO…152
**一度は行きたい
老舗カフェ＆NEWカフェ…154**
京の美味みやげ…156
京の和小物みやげ…158

本書の使い方

本書では前半を「古都の歳時記」として、京都で行われる主な行事・イベントを月別にご紹介しています。後半の「京都エリアMAP」では京都の主な観光スポットを取り上げ、エリアごとの地図を掲載しています。ふだんの京都観光に、京都ならではの行事やイベントを見るという予定を加え、さらに充実した街あるきにお役立てください。

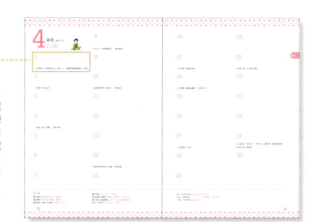

月別カレンダー
その月の何日にどんな行事がどこであるのか、主だった行事の日程を紹介しています。手帳として使用できるように、書きこめるスペースをとっています。曜日を記載していませんので、何年かにわたり使うことができます。「去年はここに行ったから、今年はあそこに」というように、京都日記としても活用してください。

keyword
その月の主な行事など

行事名と日程
行事・イベント名と、過去のデータなどにより例年行われている日時を記載。その下には開催場所とその場所の地図が掲載されているページ数を付記（地図がない場合は住所を記載）しています。行事によっては主催者の都合などにより、日程変更や中止の場合もありますので、お出かけの際は事前にお確かめください。

※マップページの見方はP95にあります。

◆本誌に記載した情報はすべて2015年1月現在のものです。行事の日程、料金等は変更になる場合があります。事前にご確認ください。

古都の歳時記

古都の旅に、その時期しか出会えない
四季折々のお楽しみを織り交ぜて。
1月から12月まで、京都ならではの
お祭り、行事、イベントをご紹介。

1 睦月 January 1〜31

1
- 若水祭／日向大神宮 ● 歳旦祭／平安神宮 ● 白朮祭／八坂神社 ● 初詣大護摩祈祷祭／狸谷山不動院（〜3日）● 皇服茶／六波羅蜜寺（〜3日）

2
- 釿始め／広隆寺 ● 大般若会／善峯寺 ● 筆始祭天満書／北野天満宮（〜4日）

3
- かるた始め式／八坂神社

4
- 蹴鞠始／下鴨神社

5
- 新年竟宴祭／上賀茂神社 ● 八千枚大護摩供／赤山禅院 ● 釿始式／城南宮 ● 初あがた祭／縣神社

6

7
- 白馬奏覧神事／上賀茂神社 ● 若菜祭／北野天満宮 ● 若菜神事／貴船神社 ● 七種神事 ● 御香宮祭／初寅大祭／鞍馬寺 ● 若菜祭／八坂神社

8
- 初ゑびす／恵美須神社（〜12日）

9
- 祇園のえべっさん／八坂神社（〜10日）

10
- 初金比羅／安井金比羅宮

11
- 初えと祭／下鴨神社

12
- 無病息災大根焚き／法住寺 ● 古式御弓神事、勢観忌／百萬遍知恩寺 ● 成年祭併奉射祭／伏見稲荷大社

13
- 勧学祭／宇治神社

14
- 法界寺裸踊り／法界寺 ● 御棚会神事／上賀茂神社

15
- 御粥祭／下鴨神社 ● 左義長（とんど）祭／平岡八幡宮 ● 初六阿弥陀めぐり／真如堂 ● 厄除大祭／石清水八幡宮（〜19日）

その他
- 成人の日 ● 泉山七福神巡り／泉涌寺
- 成人の日 ● 左義長（とんど）祭／新熊野神社
- 15日に近い日曜日 ● 楊枝（やなぎ）のお加持と弓引き初め／三十三間堂
- 初寅の前後3日間 ● 初寅大祭／毘沙門堂
- 初卯の日 ● 初卯神事／上賀茂神社

1月

16
- 武射神事／上賀茂神社

17
- 百丈忌／萬福寺

18
- 青山祭／石清水八幡宮

19
- 明恵上人忌／高山寺 ● 年祝祷会／瑞光寺 ● 疫神社祭／八坂神社内の疫神社

20
- 湯立神楽／城南宮 ● 御弓式／八瀬天満宮

21
- 初弘法／東寺

22

23

24
- 不断念佛会／百萬遍知恩寺（〜25日）

25
- 初天神／北野天満宮 ● 法然上人御祥当忌月法要／知恩院

26

27

28
- 初不動／狸谷山不動院

29

30

31

january 1 睦月

keyword
- 初詣
- 福めぐり
- 年始行事

＊正月

若水祭 [一度は見たい]
●日向大神宮　map.p114
1日 3:00〜

天照大神が祀られている内宮と外宮があり、「京のお伊勢さん」と称される神社。境内には平安初期の清和天皇の頃、都に流行した疫病を鎮めたといわれる「朝日泉」があり、京の名泉のひとつに数えられる。毎年元旦にその霊泉から「若水」を汲み出す神事があり、正月三が日は参拝客に授与される。大きな水がめにたっぷり入っているので、京の人々は水筒を持参し、大福茶やお雑煮に使うそう。
◆地下鉄東西線「蹴上駅」

皇福茶 [一度は見たい]
●六波羅蜜寺　map.p98
1〜3日 9:00〜16:30

平家ゆかりの寺として知られる。平安時代に開山の祖である空也上人が本尊の十一面観音像にお供えしたお茶をふるまい、疫病を鎮めたことから、正月三が日には無病息災の「皇福茶」が授与される（有料）。京都では正月に1年の無病息災を願って、結び昆布と福梅を入れた「大福茶」をいただくが、そのルーツが「皇福茶」であるといわれている。また、先着2000名に初稲穂を無料授与。◆市バス「清水道」

初詣大護摩祈願祭
●狸谷山不動院　map.p124
1〜3日 1日7:00〜、2・3日9:00〜

「タヌキダニのお不動さん」として厄除け、自動車のお祓いで知られる。境内には宮本武蔵が修行した「修行の滝」もある。正月三が日は護摩が焚かれ、ご祈祷を受けた人にお札が授与。28日の「初不動」ではがん封じにご利益のある笹酒の無料接待あり。◆市バス「一乗寺下り松町」

その他、初詣情報

＜商売繁盛＞
●伏見稲荷大社　map.p97

正月三が日は西日本で最も多い約300万人が参拝。6時から歳旦祭。守札授与所は3日まで終日開所。守矢、稲穂など授与（有料）。

●花山稲荷神社

31日23時45分、除夜祭、笹酒接待。1日11時から歳旦祭、樽酒接待。住 京都市山科区西野山欠ノ上町65

＜縁むすび＞
●今宮神社　map.p128

1日午前0時から一斉献灯。2時頃までお神酒、祝茶の接待あり。7時から歳旦祭。やすらい人形など授与（有料）。

●地主神社　map.p101

1〜3日14時から「えんむすび初大国祭」。厄除け開運お祓いの後、縁結び良縁達成の祝詞を読み上げる。参加者には「開運こづち」を無料授与。

● 市比賣神社　map.p97

1日8時元旦祭。1〜3日10時から先着200名にぜんざい接待。1月中は新春特別祈祷。

＜厄除け・方除け・魔除け＞

● 吉田神社　map.p113

厄除け参り発祥の社といわれる。1日7時半から歳旦祭。大元宮特別無料拝観、昆布茶無料接待（1〜3日9時〜16時）。

● 赤山禅院　map.p124

1日早朝護摩供、5日新春八千枚大護摩供。1〜5日かす汁接待。

● 清明神社　map.p118

1日午前0時開門。正月三が日は予約不要で新春特別祈願を受付。8時歳旦祭。神矢、神札、お守り、記念品など授与（有料）。

＜開運招福＞

● 平安神宮　map.p116

大晦日から元旦にかけて終夜開門。1日6時歳旦祭。昼頃、初能奉納。神矢御幣干支縁起物授与（有料）など。

● 八坂神社　map.p104

初詣に100万人以上参拝。12月31日19時半、をけら火授与。1日5時をけら祭。

● 高台寺　map.p102

1日11時から大般若祈祷会。1〜3日は各日先着2000名に夢餅授与。

＜学業成就＞

● 北野天満宮　map.p120

31日22時から1日3時まで火縄授与。

お正月は京の福めぐりへ！

1月に京都を訪れたら、年のはじめにふさわしいご利益めぐりへ、いざ！

都七福神めぐり
1〜31日
室町時代の京都で始まったといわれる「七福神」めぐり。なかでも功徳の大きい新春に巡拝する「都七福神めぐり」が人気。七福神がいる各社寺には御軸、大護符（色紙）、御宝印帖が用意されており、期間中は京都定期観光バスも毎日運行されている。
- ● えびす神（商売繁盛）→ ゑびす神社
- ● 大黒天（開運招福）→ 松ヶ崎大黒天
- ● 毘沙門天（七福即生）→ 東寺
- ● 弁財天（福徳自在）→ 六波羅蜜寺
- ● 福禄寿神（延寿福楽）→ 赤山禅院
- ● 寿老神（不老長寿）→ 革堂（行願寺）
- ● 布袋尊（諸縁吉祥）→ 萬福寺

京都十六社朱印めぐり
1日〜2月15日　9:00〜17:00
1年間のご利益が得られる年頭に、下記16社のご朱印を集めると干支置物が授与。

＜洛北＞
今宮神社（良縁開運）

＜洛中＞
御霊神社（こころしずめ）、わら天神宮（安産・厄除け）、西院春日神社（厄除け）、市比売神社（女人厄除け）

＜洛東＞
岡崎神社（縁結び・子授け）熊野若王子神社（学業成就）、新熊野神社（お腹守護）、熊野神社（縁結び）、豊国神社（出世開運）、粟田神社（旅立ち守護）

＜洛南＞
六孫王神社（出世開運）、吉祥院天満宮（受験合格）、藤森神社（勝運・馬の神様）、御香宮神社（安産・厄除け）

＜洛西＞
長岡天満宮（学問の神様）

＊年始行事

筆始祭・天満書 （ふではじめさい・てんまがき） 一度は見たい
2日 9:00~16:00 （天満書2～4日16:00）
●北野天満宮　map.p120

偉大なる書家としても崇拝されるご祭神・菅原道真公を偲び、菅公遺愛の「松風の硯」「角盥」、若水を満たした「水差し」に短冊や筆などをお供えして書道の上達を願う。その後、絵馬所にて神前書初め（天満書）を行う。
◆市バス「北野天満宮前」

釿始め （ちょうなはじめ）
2日 10:00~
●広隆寺　map.p141

「わ、き、ず、え、よいーとー」と、京木遣り音頭が流れる中、古式の装束を身につけた番匠（建築の工匠）が宮大工の道具を用い、荒削りなど建築所作を行って建築関係者の1年の無事を願う。◆嵐電「太秦広隆寺駅」

かるた始め式 是非！
3日 13:00~
●八坂神社　map.p104

31文字の和歌を初めて詠んだご祭神・素戔嗚尊にちなみ、神前にかるたを奉納した後、能舞台では十二単におすべらかしのかるた姫たちが、雅やかな王朝文化を再現して、百人一首の初手合わせを行う。◆市バス「祇園」

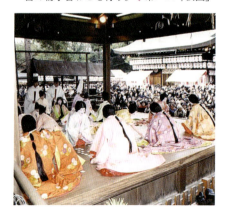

蹴鞠はじめ （けまり）
4日 13:30~
●下鴨神社　map.p126

色鮮やかな王朝装束に身を包んだ鞠人たちが、「アリイ」「ヤア」「オウ」などの掛け声とともに鞠を蹴る、蹴鞠はじめの神事が行われる。◆市バス「下鴨神社前」

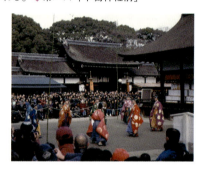

七草粥
7日

セリ、ナズナ、ゴギョウ、ハコベラ、ホトケノザ、スズナ、スズシロといった春の七草をいただき、その年の無病息災を願う。その昔は京都でも「唐土の鳥が日本の土地へ渡らぬ先に七草ナズナ、七草ナズナ」と歌いながら、包丁の背で七草を叩いてにぎやかに作ったとか。現在でも七草神事や七草粥のふるまいのある神社などが多数ある。

●御香宮神社　map.p135
七草粥接待（有料）9:00～　七草を神前に供える神事の後、七草と名水「御香水」で炊いた七草粥がふるまわれる。

●上賀茂神社　map.p127
白馬奏覧神事・七草粥接待（有料）10:00～

●西院春日神社　map.p141
若菜節句祭・若菜粥接待（有料）11:00～（祭は10:00～）

初ゑびす　8~12日
9:00~

●恵美須神社　map.p106

「京のえべっさん」で知られる恵美須神社では、商売繁盛・家運隆昌を祈願した吉兆笹が授与され、8日の招福祭、9日の宵ゑびす祭、10日の初ゑびす大祭、11日の残り福祭、12日の撤福祭と5日間にわたり夜遅くまでにぎわいを見せる。◆市バス「四条京阪前」

法界寺裸踊り（修正会）　14日
19:00頃~

●法界寺　map.p141

「頂礼、頂礼、頂礼」。元旦から2週間行われる修正会法会の結願日の夜、国宝の阿弥陀堂では掛け声を発しながら精進潔斎した信徒たちが下帯ひとつで踊りを奉納する。◆京阪バス「日野薬師」

小正月　15日

元日または松の内までを「大正月」と呼ぶのに対し、1月15日は「小正月」と呼び、邪気払いとして「小豆粥（あずのおかいさん）」をいただく風習がある。小豆粥をふるまう神社をはじめ、小豆粥でその年の稲作の作柄を占い、五穀豊穣を祈願する「粥占祭」や、正月飾りを燃やして1年の無病息災を祈願する「左義長」（とんど）なども行われる。

●下鴨神社　map.p126
御粥祭10:00～　小豆粥、大豆粥を神前に供え、五穀豊穣と国家国民の安泰を願う。11時頃にお粥の接待あり(有料)

●西本願寺　map.p97
小豆粥接待10～15日（無料）

●出雲大神宮（亀岡市千歳町出雲）
粥占祭　7:00頃～

●平岡八幡宮（右京区）
左義長　8:00～　左義長餅授与（無料）

楊枝のお加持と通し矢　15日に近い日曜日
9:00~

●三十三間堂　map.p98

平安時代から続く法要で、聖樹「楊枝（やなぎ）」で法水を参拝者の頭上に注ぎ、とくに効果ありとされる頭痛をはじめ諸病を祓う。終日無料公開される境内では、正月の風物詩となっている晴れ着姿の新成人による通し矢を開催。◆市バス「博物館三十三間堂前」

初弘法　21日
早朝~日没

●東寺　map.p96

毎月21日は宗祖・弘法大師の縁日で、年明け最初のこの日を「初弘法」という。境内では名高い弘法市が開かれ、骨董品や古着、古道具、雑貨を扱う露天が約1300店も並ぶ。◆市バス「東寺東門前」

初天神　25日
祭典9:00~

●北野天満宮　map.p120

毎月25日はご祭神・菅原道真公の縁日で、年明け最初のこの日は「初天神」と呼ばれ、新春の参拝者でにぎわう。1000店以上の露天が並び、天満書の展示会や宝物殿の神宝も公開。2014年には約60年ぶりに梅の枝が授与され、米と一緒に炊くとご利益があるそう。◆市バス「北野天満宮前」

*その他の行事

美山かやぶきの里「雪灯廊」　25日~2月1日
17:00~20:00
一度は見たい

●かやぶきの里（南丹市美山町北）

毎年雪の多い時期に開催される「雪灯廊」。約750基の雪灯廊、花灯廊、竹灯廊などが点灯し、かやぶき民家がライトアップされ、里の美しい雪景色とともに幻想的な世界が浮かび上がる。◆南丹市営バス「北（かやぶきの里）」（期間中は日帰りバスツアーもあり）

2 如月 February 1~28

1
● 湯立神事／石清水八幡宮（〜3日）

2
● 節分祭／吉田神社(〜4日)● 八坂神社節分祭／八坂神社(〜3日) 強運節分会／千本ゑんま堂（〜3日)● 節分祭／須賀神社（〜3日）

3
● 節分祭／伏見稲荷大社 ● 天龍寺節分会／天龍寺 ● 北野天満宮節分祭／北野天満宮 ● 平安神宮節分祭／平安神宮 ● 不動堂開扉法要／金閣寺

4

5

6

7

8
● 針供養／虚空蔵法輪寺

9

10

11
● 阿含の星まつり／阿含宗 ● 城南宮七草粥／城南宮
● 甘酒祭／梅宮大社

12

13

14

15
● 大祈祷会／妙円寺

その他
節分前の日曜 ● 鬼やらい神事　石清水八幡宮
初午の日 ● 初午詣　伏見稲荷大社
初午前後 ● 初午大根炊き法要／三千院
卯の日 ● 御弓始め神事／御香宮神社
第2子の日 ● 燃灯祭／上賀茂神社

2月

16

17

18

19

20

21

22

23
● 五大力尊仁王会／醍醐寺

24
● 幸在祭／上賀茂神社

25
● 梅花祭／北野天満宮　● 梅花祭／吉祥院天満宮

26

27

28

february 2 如月

keyword
- 節分
- 梅まつり

＊節分

節分祭・追儺式
一度は見たい　2〜4日（追儺式2日18:00〜）
●吉田神社　map.p113

節分当日を中心に前後3日間行われ、境内の露店は約800店、3日間の参詣者は約100万人ともいわれる一大行事。見どころは「追儺式」で、平安初期の宮中儀式を再現し、暴れる3匹の鬼を「方相氏」が退治する様子が圧巻。◆市バス「京大正門前」

強運節分会
2・3日　9:00〜
●千本ゑんま堂　map.p128

神通力があるといわれた小野篁が安置した閻魔様をお祀りする「千本ゑんま堂」（引接寺）では、連日「厄除けこんにゃく（来ん厄）煮き」の接待（有料）があり、毎年大勢の参拝客でにぎわう。1年の強運を願う「だるま供養」や、3日の19時半からは京の三大狂言のひとつである「ゑんま堂大念仏狂言」や、豆まきが行われる。◆市バス「千本鞍馬口」

祇園さんの節分祭
2・3日　9:00〜
●八坂神社　map.p104

京都らしい華やかな節分祭が行われる八坂神社。京の四花街の舞妓さん、芸妓さんが雅やかな京舞を披露する舞踊奉納と福豆まきを行う。空クジなしの福引つき福豆や串札の授与もあり（有料）。◆市バス「祇園」

節分祭
2・3日　9:00〜20:00頃
●須賀神社　map.p116

縁結びの神にちなんで翁と嫗の姿で豆まきが行われる。注目は烏帽子に水干姿、白覆面の「懸想文売り」。縁結びの文を授与してくれる（有料）。これを鏡台やタンスに入れておくと着物が増え、美人になり、良縁に恵まれるといわれている。◆市バス「熊野神社前」

節分祭
3日　10:00頃〜
●松尾大社　map.p132

「松尾の神に祈らむ梓弓　弦の音聞けば悪魔退く」と和歌を唱えて疫鬼の退散を念ずる「鳴弦破魔弓神事」や福豆まきなどのほか、「石見神楽」が奉納される。素戔嗚尊が八岐大蛇を退治する場面が圧巻。◆市バス・京都バス「松尾大社前」

節分祭
3日　9:00〜
●伏見稲荷大社　map.p97

冬と春の季節の分かれ目に行われる祭事。除疫、招福を祈願する祭典終了後の9時45分頃と11時半、13時の3回にわたり、神職や巫女をはじめ、福男福女、晴れ着姿も艶やかな福娘による豆まきが外拝殿で行われる。福男福女の記念撮影もあり。◆JR奈良線「稲荷駅」

因幡薬師の節分万灯会　3日 18:00頃～
●因幡堂（平等寺）　map.p141

がん封じのご利益があるとされる因幡薬師では、節分法要「北斗護摩」とともに新年への祈りを星に願い、参拝者も参加して灯りをともす。「ん」が2つ重なる食べ物を7種類食べると「運」がつくといわれる日なので、先着100名にレンコン、ニンジン、キンカン、ナンキン（カボチャ）、インゲン、ギンナン、カントン（サツマイモ）のセットを無料配布。
◆市バス「烏丸松原」

節分祭　3日 10:00～
●下鴨神社　map.p126

見どころは正午頃行われる「追儺弓神事」。弓を鳴らして四方を清め、鏑矢を放って裏に鬼と記された的を射ることで邪気を祓う。その後、福豆まきと福餅まきがある。◆市バス「下鴨神社前」

節分祭・大儺之儀　3日 11:30～（大儺之儀14:00～）
●平安神宮　map.p116

奉納狂言や本殿での祈念のあとに行われる「大儺之儀」は、平安朝の年中行事にのっとり、作法や衣装、祭具に至るまで時代考証され、綿密に再現されている。陰陽師や方相師、殿上人などが登場し、平安京の正庁朝堂院を模した社殿で災厄を祓う儀式が行われる。その後、福豆まきや「火焚串」のお焚き上げがある。◆市バス「京都会館美術館前」

天龍寺節分会・七福神めぐり　3日 8:00～
●天龍寺　map.p130

3回にわたる大福豆まきのほか、裏千家による「節分大茶会」などが行われる。福笹や絵馬の授与（有料）、甘酒の無料接待もあり。総門前で福笹を受け、山内の7つの塔頭にお参りする「七福神めぐり」も行われている。
◆市バス「嵐山天龍寺前」

＊その他の行事

初午詣（初午大祭）　4日 8:00～
●伏見稲荷大社　map.p97

平安時代から初午の日には稲荷山へお参りに行き、福を願う習わしがあり、大変にぎわった。現在も初午の日の参詣は「福参り」「福稲詣で」といわれ、京洛初春第一の祭とされる。本殿などの柱に稲荷山の杉と椎の木でつくられた青山飾りが取り付けられ、商売繁盛・家内安全を願う大勢の参拝客でにぎわう。縁起物の「福かさね」や「しるしの杉」などが授与される（有料）。◆JR奈良線「稲荷駅」

城南宮・七草粥の日　11日 10:00～16:00
●城南宮　map.p140

旧暦の正月7日に近いこの日、セリ、ナズナ、ゴギョウなど春の七草を神前に供え、参拝者も七草粥（有料）をいただいて無病息災、延命長寿を祈願する。◆市バス「城南宮」「城南宮東口」「城南宮道」

五大力尊仁王会　是非！　23日 9:00～
●醍醐寺　map.p141

醍醐寺の「五大力さん」として親しまれ、1100年以上続く歴史ある法要。不動明王、降三世明王、軍荼利明王、大威徳明王、金剛夜叉明王の五大明王の力を授かるための行事。見どころは大きな鏡餅（男性150キロ、女性90キロ）を持ち上げる力くらべ。毎年多くの力自慢が挑戦する。当日に限り、災難除け身代わり霊符「御影」（有料）の授与あり。
◆地下鉄東西線「醍醐駅」

梅だより

梅の名所案内&梅まつり

●北野天満宮　map.p120

「東風ふかば匂ひおこせよ梅の花　あるじなしとて春を忘るな」。当神社のご祭神・菅原道真公が太宰府へ発つ際に、梅を愛でて詠んだ歌。境内の梅苑には約50種、約2000本もの菅公の愛した梅があり、例年2月上旬に公開される。紅梅・白梅の見ごろは2月下旬から3月中旬。境内は無料だが、梅苑は茶菓子つきで600円（10時〜16時）。◆市バス「北野天満宮前」

●梅花祭（梅花御供）　**25**日 **10:00〜**

ご祭神・菅原道真公の祥月命日にあたる日に、約900年前から続く祭事。梅の花に大飯・小飯などを供え、ご祭神の霊をなぐさめる。当日、境内では梅の香に包まれて野点大茶湯が行われる。地元・上七軒の芸妓・舞妓が総出でお茶席に花を添え、梅ときれいどころが咲き競う。

●城南宮　map.p140

方除け、厄除けの大社。社殿を取り囲む神苑「楽水苑」には伏見の地下水を引き入れた水の豊かな5つの庭園があり、なかでも「春の山」は『源氏物語』に登場する約100余の草花が見られる。2月下旬には約150本のしだれ梅に、珍種も含めた約300本の椿が見ごろを迎える。神苑の拝観料600円（9時〜16時半、受付終了16時）。◆市バス「城南宮」「城南宮東口」「城南宮道」

●しだれ梅と椿まつり　**18**日〜**3**月**21**日

白河上皇が『源氏物語』の六条院（光源氏が住んでいた四季の庭がある大邸宅）を模して造られたといわれている「春の山」で、紅白のしだれ梅と椿を愛でる催し。城南宮に古くから自生するヤブツバキをはじめ、珍しい椿が3月にかけて順に咲く。期間中、15時から神職の案内あり。

●梅宮大社　map.p132
約35種、550本の梅が境内全域、とくに北、西神苑にある。見ごろは2月中旬から3月中旬。極早咲の冬至梅は12月頃から咲き始め、遅咲きは3月下旬に山桜とともに咲く「呉服枝重」「盤上の梅」など。1本で紅白の花が咲く「想いのまま」なども。神苑拝観料500円（9時～17時）。◆市バス「梅宮大社前」

●梅・産祭　　3月第1日曜
　　　　　　　9:30~16:30
ご祭神は木花咲耶姫（木花は梅を表す）であり、古来より「産宮」と呼ばれ、子宝・安産にご利益があることから、梅が見ごろの時期に行われる。子授け、安産、産業繁栄を祈願し、神苑の梅で作られた梅ジュースの無料接待あり。

●青谷梅林　（城陽市中中山）
京都でいちばんの梅の生産量125万トンを誇る青谷梅林では、約1万本の梅が楽しめる。見ごろは3月初旬から中旬で、ここでしか見られない「城州白」はほとんどが梅酒や和菓子に使われ、香りもいい。◆JR奈良線「山城青谷」

●梅まつり　　22日~3月23日
　　　　　　　売店10:00~15:00
期間中は約1ヘクタールの梅林が立ち入り自由になり、ゆっくりと花見が楽しめる。週末など日によって梅と史跡をめぐるウォーキングやコンサート、紙芝居、舞踊などのイベントも開催され、毎週日曜と祝日には餅つき大会も行われ、大勢の花見客でにぎわう。売店では特産物やうどん、おでん、梅おにぎりなど軽食の販売もある。青谷梅林の「城州白」を使い、今や貴重な伝統製法で作られる梅干しなども販売される。

その他の梅の名所

＜上旬～＞

●下鴨神社　map.p126
御手洗川にかかる輪橋のそばにある「光琳の梅」は、尾形光琳が「紅白梅図屏風」（国宝）に描いた梅。

●平安神宮　map.p116
神苑に紅梅、白梅が各30本ある。

●京都府立植物園　map.p127
梅林を中心に、紅白約60品種、150本の梅があり、3月中旬まで楽しめる。

●渉成園（枳殻邸）　map.p97
光源氏のモデルともいわれる源融の「六条河原院」の面影を残す庭園。紅梅・白梅が20株はとある双梅檐がある。

＜中旬～＞

●京都御苑　map.p119
京都御所の南西側にある梅林で紅梅・白梅約20種200本が3月中旬にかけて咲く。3月中旬には桃が咲き、梅と桃を同時に鑑賞。

●二条城　map.p118
約130本の梅林あり。1本の木に紅白の梅が咲く「源平咲き分け」など。

＜下旬～＞

●泉涌寺 雲龍院　map.p96
花びらが波打つように咲く「摩耶紅梅」という八重咲きの紅梅が4～5本あり、丸窓の「悟りの窓」を通して見られる。

●正法寺　map.p140
山門手前の広大な梅園に、紅白の梅が約100本。本堂前にも梅の木がある。

●長岡天満宮　map.p140
本殿近くに梅園があり、約20種類140本以上の梅が楽しめる。3月中旬には「梅花祭」が行われ、お茶席もある。

＜3月～＞

●随心院・小野梅園　map.p141
「はねずの梅」など、約230本。

3 弥生 March 1~31

1
● 雛まつり、春の人形展（〜4月3日）／宝鏡寺

2

3
● ひいなまつり／市比賣神社 ● 流し雛／下鴨神社 ● 春桃会／三十三間堂 ● 桃花神事／貴船神社

4

5
● 玄奘三蔵会／清水寺

6
● 祈年祭／稗田野神社

7

8

9
● 雨乞祭／貴船神社

10

11

12

13

14
● 東福寺涅槃会／東福寺（〜16日） ● 涅槃会／泉涌寺（〜16日）
● 長谷川等伯筆佛涅槃図／本法寺（〜4月15日）

15
● 嵯峨お松明式／清涼寺

その他
中旬～4月中旬 ● 椿を愛でる会／平岡八幡宮
中旬～5月初旬 ● 春の特別拝観／高台寺
10日に近い土曜 ● 乙の法要／乙が森
21日前後 ● 伏見の清酒／新酒蔵出し「日本酒まつり」
最終日曜 ● はねず踊り／随心院

3月

16	24
17 ●古渓忌「お茶でくつろぐ会」／大仙院	25 ●北野をどり／上七軒歌舞練場（〜 4月7日）
18 ●元政忌法華懺法会／瑞光寺	26
19	27
20	28
21 ●和泉式部忌／誠心院	29
22 ●千本の釈迦念仏／大報恩寺（千本釈迦堂）	30
23	31

MARCH 3 弥生

keyword
- 桃の節句
- 涅槃図の特別開帳

*桃の節句

雛まつり・春の人形展　**1日**
一度は見たい
●宝鏡寺　map.p128
（11:00～11:30）
（人形展～4月3日16:00）

門跡の多くが皇女で、皇室と縁のある尼寺であるため、地元では「百々御所（百々は地名）」とも呼ばれる宝鏡寺。歴代の皇女遺愛の人形などが春と秋に一般公開される「人形展」が1日から始まり、この日は「雛まつり」も行われる。内裏雛を中心に三人官女、五人囃子などが飾られ、島原太夫の艶やかな舞が披露される。◆市バス「堀川寺ノ内」

ひいなまつり　**3日**
●市比賣神社　map.p97

女人厄除けとして知られる神社では、大きな雛壇の前で十二単の着付け実演が行われ、十二単を身につけた雛人形ならぬ「ひと雛」が勢揃いする。五人囃子の雅楽に合わせ、三人官女が舞を披露。投扇興、貝合わせ、双六など平安貴族の遊びが披露され、ひな茶の接待や小袿を着て記念撮影なども行われる。◆市バス「河原町正面」

流し雛　**3日 10:20～**
一度は見たい
●下鴨神社　map.p126

災厄を祓うために人形を身代わりにして、川や海に流す習わしがあった平安時代より続く神事。藁を編んだ桟俵に乗った和紙と土でできた雛人形を、境内に流れる御手洗川に流して無病息災を願う。甘酒の無料接待あり。◆市バス「下鴨神社前」

春桃会　**3日 9:00～**
●三十三間堂　map.p98

「三十三間堂」の名前にちなみ、3の重なる桃の節句に行われる法会。華道池坊による献花式や華展、千体観音像の特別拝観などが無料で公開される。この日限定の「桃のお守り」を女性のみ授与（有料）。◆市バス「博物館・三十三間堂前」

桃花神事　**3日 11:00～**
●貴船神社　map.p134

五節供のひとつである「上巳の節供」のこの日、ふだんは閉じている本殿の御扉が開かれ、鬼を祓う霊力がある桃の花と、田の神が宿るこぶしの花、神饌の草餅などが供えられ、一般客も参列できる神事が行われる。神事の後、神職と神前に供えた草餅を一緒にいただく「直会の儀」がある。◆京都バス「貴船」

＊その他の行事

雨乞祭　　　　　　　　9日 10:00〜
●貴船神社　map.p134

鴨川の水源に程近く、古来より雨を司る龍神を祀る貴船神社。平安時代には幾度となく生馬を神前に捧げて雨乞い、雨止めなどを祈願する「祈雨の儀」が行われていた。その歴史を今に伝える「雨乞祭」は、農作業が始まる前に天候の恵みと五穀豊穣を祈願する神事。神職らが太鼓や鈴、鉦を打ち鳴らし、「雨もれ、雨もれ！　雲にかかれ、龍神じゃ!!」と唱えながら、ご神水を榊の枝で天地にまく手振りなど、貴重な神事が一般にも公開されている。神事の後、奉納された絵馬のお炊き上げも行われる。◆京都バス「貴船」

嵯峨お松明式　　　　　15日 10:00〜
●清凉寺　map.p130

「京都三大火祭り」のひとつで、嵯峨野に春を告げる火の祭典。松の枯れ枝などを藤蔓で束ねた逆円錐形の巨大な松明3基に、涅槃会の行われている本堂から移してきた護摩木の火が一斉に点火される（20時半頃）と、夜空に向かって大きく燃え上がる。炎の勢いによって、その年の稲作の豊凶を占う。当日は15時から境内狂言堂で「嵯峨大念仏狂言」も奉納される。◆市バス「嵯峨釈迦堂前」

伏見の清酒・新酒蔵出し「日本酒まつり」　　　21日前後 9:30〜16:00（受付〜15:00）
●御香宮神社ほか　map.p135

伏見の蔵元自慢の銘酒に出会えるイベント。上記ほか会場では「伏見の清酒きき酒会」（事前チケット購入）が行われ、黄桜など12の蔵元では新酒や限定酒の販売、有料試飲あり。

はねず踊り　　一度は見たい　最終日曜
●随心院　map.p141　11:00〜、13:30〜、15:00〜

小野小町ゆかりの寺で、小町と深草少将に扮した少女たちがふたりの悲恋を伝える「はねず踊り」を舞う。「はねず」とは梅の花や薄紅色を表す古語。◆地下鉄東西線「小野駅」

＊花を愛でる催し

桜まつり⇒p34へ

椿を愛でる会　　14日〜4月13日 10:00〜16:00（※2014年の場合）
●平岡八幡宮

約200種、300本の椿が境内を彩る。願い事をすると一夜に開花し、願いが成就したといわれる樹齢170年の「白玉椿」をはじめ、珍しい品種もある。◆市バス「平岡八幡前」
住京都市右京区梅ヶ畑宮ノ口町23

涅槃図の特別開帳

●東福寺　map.p96
3月14〜16日　室町初期の画僧・明兆筆の大涅槃図を開帳。

●泉涌寺　map.p96
3月14〜16日　日本最大の大涅槃図を開帳。江戸中期の狩野派・明誉古磵上人の筆。

●本法寺　map.p128
3月14日〜4月15日　長谷川等伯61歳の筆による日本最大級の涅槃図。

4 卯月 April 1〜30

1
●献花祭／伏見稲荷大社 ●都をどり／祇園甲部歌舞練場（〜30日）

2
●例祭／松尾大社

3

4
●護王大祭（例祭）／護王神社

5

6

7

8
●花まつり（釈尊降誕会）／霊山観音

9

10
●桜祭神幸祭（桜花祭）／平野神社

11

12

13

14
●春季例大祭淳仁天皇祭／白峯神宮

15

その他
第2日曜 ●豊太閤花見行列／醍醐寺
第2日曜 ●吉野太夫花供養／常照寺
雲珠桜咲く頃の15日間 ●花供養／鞍馬寺

第2日曜 ●やすらい祭／今宮神社
20日以降の日曜 ●松尾祭（神幸祭）／松尾大社
第1土曜〜第3日曜 ●京おどり　宮川町歌舞練場
中旬〜5月初旬 ●山吹まつり／松尾大社

4月

16

17
- 例大祭／御香宮神社

18
- 中酉祭（醸造感謝祭）／松尾大社

19

20

21
- 正御影供／東寺

22

23

24

25
- 春季大祭／吉祥院天満宮

26

27

28

29
- 壬生狂言／壬生寺（〜5月5日） ● 藤花祭／西院春日神社
- 曲水の宴／城南宮

30

桜・上旬の土日 ● 春の特別公開／安楽寺
中旬〜5月中旬 ● つつじ、しゃくなげ園開園　三室戸寺
上旬〜11月下旬 ● 高雄の川床

april 4 卯月

keyword
- 桜まつり
- やすらい祭
- をどり

＊桜まつり

桜祭神幸祭（桜花祭）
しんこうさい おうかさい
満喫！ **10日** 10:00〜
● 平野神社　map.p120

寛和元年（985）のこの日、桜の名所・平野神社にて花山天皇が臨時の勅祭を催したことから始まった祭礼。午前中に行われる神事の後、満開の桜をバックに、露祓いの鬼神、騎馬、花山車、お稚児さん、公家、武者、織姫たちの時代行列が町内を巡行する（13時）。桜の期間中は「桜コンサート」なども開催されている。桜湯や桜にちなんだお香、桐箱、ロウソクなども授与される（有料）。◆市バス「衣笠校前」

豊太閤花見行列
ほうたいこう
一度は見たい **第2日曜** 13:00〜
● 醍醐寺　map.p141

慶長3年（1958）春、太閤秀吉が北政所、淀殿、秀頼、女房たち1300名を従えて催した「醍醐の花見」。醍醐寺ではこの故事にならい、ソメイヨシノ、しだれ桜、ヤマザクラが咲き誇る第2日曜日に、醍醐の花見を再現した花見行列を開催する。在京の著名人が秀吉に扮し、桃山時代の豪華な衣装をまとった200名余りの当時の主役たちが境内を練り歩く。
◆地下鉄東西線「醍醐寺駅」

吉野太夫花供養
第2日曜 10:20頃（道中出発）
● 常照寺　map.p87

才色兼備で信仰心も篤く、名妓の誉れ高い吉野太夫が眠る常照寺。洛北の桜の名所として知られ、約100本もの桜が咲く頃に毎年、吉野太夫の追善供養が行われる。当日は往時の衣裳を着た島原太夫がかむろや傘持ちを従えて、塗りの高下駄を履き、独特の内八文字を描きながらゆっくりと練り歩く太夫道中が見られる。演奏や舞、野点なども行われ、太夫のお点前でお茶がいただける（有料）。◆市バス「源光庵前」

花供養
雲珠桜咲く頃の15日間 11:00〜（花会式）
● 鞍馬寺　map.p134

謡曲「鞍馬天狗」にも謡われる「雲珠桜」が咲く頃の鞍馬寺では、本尊鞍馬山尊天に感謝を込めて花や茶を献じ、舞楽などを奉納する祭事が行われる。期間中、中日の日曜日には「花会式」と呼ばれる中日法要があり、尊天に花や茶菓を献ずるべく、華やかなお練りがある。◆叡山電鉄「鞍馬駅」

＊その他の行事

やすらい祭
第2日曜 11:30頃~
●今宮神社　map.p128

「京都三大奇祭」のひとつ。桜が散る頃に疫病が流行したので、疫神を鎮め、無病息災を祈願したのが始まり。午前中の神事の後、桜や椿で飾られた花傘を中心に、赤毛や黒毛の鬼たちが鉦や太鼓を打ち鳴らし「やすらい花やヨーホイ」と唱え、頭を振り飛び上がって踊り歩くのが特徴。この花傘の下に入ると1年間健康に過ごせるといわれている。川上大神宮社から出発する「川上やすらい」と、光念寺から出発する「上野やすらい」も境内で同時に見られる。◆市バス「今宮神社前」

松尾祭（神幸祭）
20日以降の日曜 10:00~
●松尾大社　map.p132

「西の葵祭り」とも称され、千年以上の歴史をもつビックイベントで、桂川の春の風物詩。本社で神事を終えた神輿6基が拝殿をまわり、巡行する。祭のハイライトは船渡御。白装束の若衆たちが威勢のいい掛け声とともに、長さ4mの木舟に神輿を1基ずつ乗せ、桂川をゆったりと下っていく。毎年約2万人もの見物客が訪れる。◆市バス「松尾大社前」

壬生狂言
29日~5月5日 13:00~17:30
●壬生寺　map.p141

700年以上の歴史があり、「壬生のカンデンデン」という愛称で知られる無言劇の仏教芸能。「土蜘蛛」「羅生門」など30演目が継承されている。◆市バス「壬生寺道」

藤花祭
29日 18:00~
●西院春日神社　map.p141

平安朝の宮中行事「藤花ノ宴」にちなみ、かがり火の中、古式のままに行われる。御所から賜った藤壺の藤、藤原氏ゆかりの旧家から奉納された藤が披露。◆市バス「西大路四条」

曲水の宴　**11月もある**
29日 14:00~
●城南宮　map.p140

雅楽の調べにのり、庭園の遣水（小川）に盃を浮かべ、平安貴族に扮した歌人が目の前に流れつくまでに和歌を詠む優雅な歌あそびを再現。◆市バス「城南宮東口」

春だから舞妓さん、芸妓さんの「をどり」を見に行く

京都の花街を舞台に繰り広げられる、芸妓・舞妓さんたちの「踊り」を鑑賞できる催し。

● 上七軒歌舞練場
　北野をどり　3月25日~4月7日
● 祇園甲部歌舞練場
　都をどり　4月1日~30日
● 宮川町歌舞練場
　京おどり　4月第1土曜~第3日曜
● 先斗町歌舞練場
　鴨川をどり　5月1日~24日
● 南座
　都の賑い（京都五花街合同伝統芸能特別公演）　6月下旬（2日間）

ぶらり、桜さんぽ

春らんまん！

「世の中に絶えて桜のなかりせば　春の心はのどけからまし」。
在原業平の歌にもあるように、平安の昔から日本人に深く愛されてきた桜。
1200年の歴史をもつ京都には桜の名所・名木が数多く存在する。
そんな名桜を訪ねて、そぞろ歩きを楽しむとしよう。

Aコース 世界遺産と桜
ソメイヨシノだけじゃない！
たった1日で多種多様の桜を愛でる

平野神社
ひらのじんじゃ
map.p120

 みごろ　3月中旬〜4月下旬

桜の珍種の宝庫

境内に約50種、400本の桜があり、江戸時代から「平野の夜桜」と全国的に知られた京都有数の桜の名所。桜の珍種「10品種」が有名で、3月中旬に咲く「魁桜」から始まり、京都でいちばん遅い4月下旬に咲く「突羽根桜」は、ゴールデンウィークに入る頃が美しい。桜の下には花見茶屋が設けられ、ライトアップされた夜桜見物もおすすめ。

徒歩約30分

龍安寺
りょうあんじ
map.p122

 みごろ　3月下旬〜4月中旬

枯山水庭園としだれ桜

宝徳2年（1450）、足利将軍の管領職にあった細川勝元が創建した世界遺産。わずか75坪の枯山水の石庭が有名だが、春にはその簡素な石庭に、樹齢約80年のしだれ桜が彩りを添える。境内にはしだれ桜のほか、鏡容池の西側にある桜園など約400本の桜がある。樹齢は40〜60年ぐらいで優美な花を咲かせる。桜と同時期に咲く石楠花も鮮やかなピンク色の花が美しい。

徒歩約10分

「きぬかけの路」
金閣寺、龍安寺、仁和寺を結ぶ全長約2.5kmの衣笠山の山裾路。世界遺産の寺院、美術館やギャラリー、湯豆腐の名店など見どころいっぱい

仁和寺
にんなじ
 みごろ 4月中旬〜下旬
map.p122

遅咲きの「御室桜(おむろざくら)」で有名

仁和4年（888）に宇多天皇が創建、明治維新まで代々皇族が住職を務めたので「御室御所」とも呼ばれる世界遺産。朱色の中門をくぐると、左に名勝「御室桜」がある。遅咲きの桜として知られ、樹丈が低く、香り高い白花を咲かせる。約200本もある御室桜は1600年代からこの地に植えられ、「春に来て御室を出るや宵月夜」と与謝蕪村の俳句にもある。そのほか山桜やソメイヨシノなど約300本ある。

徒歩約10分

妙心寺
みょうしんじ
 みごろ 4月上旬〜下旬
map.p122

花見と抹茶でほっこり

開創600余年の臨済宗妙心寺の大本山。46もの塔頭があり、広々とした閑静な境内は散策自由。塔頭のひとつ「退蔵院」では四季折々に美しい庭園があり、春にはしだれ桜を眺めながら抹茶と和菓子がいただける。春と秋だけ特別公開される「大法院」でも、しっとりとした風情の露地庭園でお茶がいただける。

ランチはここで *Lunch*

とようけ茶屋
map.p120
☎075-221-3662
営11:00〜15:00
休木曜（25日は営業）
◆市バス「北野天満宮前」

北野天満宮前にある行列のできる店。老舗豆腐店の豆腐を使ったメニューが人気で、生湯葉や生麩を使ったヘルシーな創作丼が豊富にあり、女性客に好評だ。

おやつはここで *Coffee break*

粟餅所 澤屋
map.p120
☎075-461-4517
営9:00〜17:00（売切れ次第閉店）
休木曜、26日
◆市バス「北野天満宮前」

天和2年（1682）創業、天満宮門前茶屋。できたての粟餅はもっちりとやわらかい。上品な甘さの餡と香ばしいきな粉がついた「紅梅」450円（お茶つき）など。

Bコース
古都の風情と桜

はんなりと情緒あふれる桜の名所で「これぞ京都！」を満喫

清水寺
きよみずでら
map.p101

 みごろ 3月下旬〜4月上旬

桜色に染まる「清水の舞台」

奈良時代の宝亀9年（778）開創。紫式部や清少納言も参詣したといわれる古刹。急な坂道を上ったご褒美とばかりに、「清水の舞台」からは桜色に染まる京都の街並みが一望できる。境内にはソメイヨシノと山桜が約1000本もあり、3月下旬から4月上旬は夜のライトアップも行われる。

地主神社
じしゅじんじゃ
map.p101

みごろ 4月中旬〜下旬

「地主桜」で良縁祈願

清水寺の境内にある縁結びの神社。ここでしか見られない「地主桜」は、1本の木に八重と一重の花が同時に咲く珍しい品種。嵯峨天皇が行幸した折、あまりの美しさに3度、御車を返したことから「御車返しの桜」とも呼ばれる。毎年第3日曜日には、「地主桜」のご利益を授かる「えんむすび祈願さくら祭り」が行われる。

産寧坂、二年坂を通って高台寺へ。かわいい和雑貨の店が建ち並び、食べ歩きも楽しみ

徒歩約20分

徒歩約10分

高台寺
こうだいじ
map.p102

みごろ 4月上旬

幻想的なしだれ桜

豊臣秀吉の妻、北政所が秀吉の菩提を弔うために創建したので、「ねねの寺」とも呼ばれる。境内にはソメイヨシノや山桜、八重桜もあるが、枯山水庭園「波心庭」の白砂を背景にしたしだれ桜がひときわ美しい。3月中旬〜5月初旬の夜のライトアップでは、より幻想的な世界にため息が出るほど。

人力車が行き交う高台寺前の石畳の道は「ねねの道」と呼ばれる。立派な桜もお目見え

円山公園
まるやまこうえん
map.p104

 みごろ 3月下旬～4月上旬

宵闇に浮かぶ「祇園の夜桜」

八坂神社の背後に広がる、京都最古の公園。しだれ桜やソメイヨシノなどの桜が約800本あり、市内屈指の桜の名所。なかでも園内中央の「祇園の夜桜」と呼ばれる樹齢80年以上のしだれ桜が圧巻。毎年3月中旬から4月中旬まで夜はライトアップされ、露店や花見茶屋などが出店し、多くの人でにぎわう。

徒歩約1分

知恩院
ちおんいん
map.p104

 みごろ 3月下旬～4月中旬

巨大な三門を桜が彩る

日本一の巨大な三門で知られる浄土宗の総本山。三門周辺のソメイヨシノをはじめ、東山華頂山から東大路の桜並木やしだれ桜、山桜、彼岸桜など境内には約250本の桜がある。3月中旬の「京都・東山花灯路」では、知恩院の三門や昭和の名園「友禅苑」もライトアップされる。

徒歩約10分

祇園白川
ぎおんしらかわ
map.p00

 みごろ 3月下旬～4月上旬

花街らしい華やかな桜

石畳と川沿いに建つ京町家。京都を舞台にしたテレビドラマでもおなじみの場所であり、桜の名所でもある。ソメイヨシノ、しだれ桜、山桜など43本の桜並木が川沿いを彩る。3月中旬から4月上旬には夜のライトアップもあり、祇園の街灯りとともに花街らしい華やかな雰囲気になる。

徒歩約20分

平安神宮
へいあんじんぐう
map.p116

 みごろ 3月下旬～4月下旬

水面に映るしだれ桜を堪能

明治28年（1895）に創建。本殿を囲むように神苑があり、東・南神苑に咲く八重紅しだれ桜を筆頭に、約300本の桜が境内を彩る。水面に映るしだれ桜は幻想的な美しさで、谷崎潤一郎の『細雪』にも登場するほど。4月1日から15日は「観桜茶会」が開かれ、茶席が設けられる。また、4月上旬の「紅しだれコンサート」中は、夜間ライトアップあり。

おやつはここで / Coffee break

洛匠
map.p103

※お店の詳しいデータはP103参照

枯山水の庭を眺めながら、名物の「草わらび餅」がいただける甘味処。宇治小山園の抹茶をふんだんに使った「草わらび餅」は、口に入れるとスーッと溶けて絶品。

桜の王道から穴場スポットまで
寄り道も楽しみな、てくてく旅

Cコース そぞろ歩きと桜

蹴上インクライン
けあげインクライン
map.p114

🌸 みごろ　3月下旬〜4月上旬

映画のような桜トンネル

地下鉄「蹴上駅」からほど近い、世界最長といわれる全長582mの傾斜鉄道跡地。琵琶湖疎水の急斜面を運航する船を運ぶために使われていた古い線路の両脇にソメイヨシノなどが約90本植えられており、線路の上を歩きながら桜のトンネルを見物できる。映画のワンシーンのような、のどかな風景に心がなごむ。

徒歩約10分

南禅寺
なんぜんじ
map.p114

🌸 みごろ　4月上旬〜中旬

広々とした境内に桜が点在

「絶景かな、絶景かな」と石川五右衛門が大見得を切る歌舞伎で有名な三門周辺は、ソメイヨシノやしだれ桜などの桜が見られる絶景スポット。三門に上がって遠くの山々の山桜も楽しめる。境内のいたるところにある約200本の桜とともに、小堀遠州作と伝えられる枯山水庭園や、サスペンスドラマでおなじみの「水路閣」など見どころ多数。

ランチはここで　Lunch

日の出うどん
map.p114

☎075-751-9251
営11:00 〜 15:30
休日曜、第1・3月曜（4・11月不定休）
◆市バス「南禅寺・永観堂」

遠方からわざわざ食べにくる客でいつもにぎわう人気店。じっくりとったカツオだしとオリジナルのルウが決め手の「特カレーうどん」は売り切れ御免の看板商品。

おやつはここで　Coffee break

銀閣寺キャンデー店
map.p114

☎075-771-5349
営11:00 〜 19:00（土曜〜 21:00、日曜13:00 〜 21:00）
休火曜、第2日・月曜
◆市バス「銀閣寺道」

昭和23年（1948）創業。客がひっきりなしに訪れる昭和レトロなアイス屋さん。氷のキャンディーから、フルーツ入りのクリームキャンディーまで懐かしい味わい。

哲学の道
てつがくのみち
map.p114

 みごろ　3月下旬〜4月上旬

空を覆うほどに見事な桜道

「日本の道百選」にも選ばれ、春は桜、初夏は蛍、秋は紅葉と四季折々に楽しめる琵琶湖疎水へと続く川沿いの散策路。約2キロの道のりにソメイヨシノや日本画家・橋本関雪ゆかりの関雪桜などが約450本植えられ、空を覆うほど見事な桜のトンネルができる。水面に映る桜も美しく、桜が散る頃には川をピンクに染める花筏も見られる。

徒歩約15分

徒歩すぐ

ちょっと寄り道

桜の時期は大混雑する「哲学の道」だが、横道に入った途端に人気がなくなり、閑静な寺社が点在する。しかも、ふだんは非公開の寺社が桜の時期に合わせて特別公開されていたりするので、お見逃しなく。

霊鑑寺門跡
れいかんじもんせき
map.p114

樹齢400年の椿もある「谷の御所」

皇室とゆかりの深い尼門跡寺院で「谷の御所」とも呼ばれる。通常は非公開ながら、春秋に特別公開される。江戸時代中期の池泉観賞庭園から本堂裏まで約60種100本の椿があり、後水尾天皇遺愛の「日光椿」など、数々の名椿が桜の時期に咲いており、ここは必見だ。

 徒歩約15分

真如堂へ向かう途中にも桜並木がある

真如堂
しんにょどう
map.p101、114

 みごろ　4月上旬〜中旬

紅葉の名所は桜も見事

秋は紅葉でにぎわう寺だが、意外にも桜の隠れた名所。赤門付近のソメイヨシノや三重塔横のしだれ桜が美しく、山桜や八重桜など約70本の桜がある。本堂南の「たてかわ桜」は春日局が父の菩提を弔うために植えたものといわれ、白い小花をつける江戸彼岸桜の一種で、松やヒノキのように樹皮がタテになることからこの名がある。広々と清閑な境内は「哲学の道」の喧騒が白昼夢であるかのように癒される。

まだまだある！桜の名所

二条城
にじょうじょう
map.p118

 みごろ 3月下旬〜4月下旬

桜のライトアップも必見

慶長8年（1603）に徳川家康が築城。大政奉還が発表された二の丸御殿の大広間などが有名。広い城内に約50品種・400本の桜が植えられ、毎年大勢の花見客でにぎわう。城内西側にある八重紅しだれ桜の桜並木や、里桜が咲く「桜の園」など見どころ多数。毎年3月下旬から4月中旬まで夜間ライトアップあり。また、4月上旬には「清流園」にて桜を背景にお茶会を開催。

城南宮
じょうなんぐう
map.p140

 みごろ 4月上旬〜中旬

『源氏物語』の花々と桜の競演

方除け、厄除け、建築守護の大社として知られ、平安京の南に国を守護するために創建された。社殿を囲むように配された広大な「楽水苑」は平安、室町、桃山と趣の異なる5つの庭園からなり、「源氏物語花の庭」の名にふさわしく物語に登場する草花が百余種もある。4月には「桃山の庭」「室町の庭」にある紅しだれ桜が優美な花姿を披露してくれる。

上賀茂神社
かみがもじんじゃ
map.p127

 みごろ 3月下旬〜4月上旬

威風堂々のしだれ桜が圧巻

京都最古の神社にふさわしく、威風堂々としたしだれ桜が出迎えてくれる。孝明天皇から賜り、樹齢150年を越える白しだれ桜の「御所桜」と、斎王が愛でたという紅しだれ桜の「斎王桜」は息を飲むほどの美しさ。「御所桜」のほうが1週間ぐらい早く咲く。ほかに「みあれ桜」「賀茂桜」「風流桜」など、広大な境内には約100本の桜がある。神社からほど近い賀茂川沿いの桜並木「半木の道」はゆったりと花見が楽しめる穴場。

善峯寺
よしみねでら
map.p140

みごろ 4月上旬〜下旬

全山が桜一色になる

西山連峰の中腹に建つ天台宗の寺。約3万坪の広大な敷地にしだれ桜、ソメイヨシノ、彼岸桜、八重桜、山桜など約500本の桜があり、全山が桜一色に染まる。なかでも徳川綱吉の生母・桂昌院お手植えといわれ、樹齢約300年のしだれ桜が圧巻。JR東海のCM「そうだ、京都行こう。」でも放映されたほどの圧倒的な存在感で、滝のように降り注ぐ花姿が見る者の胸を打つ。

嵐山
あらしやま
map.p130

みごろ 3月下旬〜4月上旬

平安貴族も愛した桜

京都随一の景勝地、嵐山。春ともなれば、山桜、ソメイヨシノなど約1500本もの桜が山々を薄紅色に染め上げ、渡月橋周辺は毎年大勢の花見客でにぎわう。大堰川の堤や渡月橋下の中ノ島公園などにも桜が咲き乱れ、公園ではしだれ桜のライトアップも行われる予定。渡月橋から徒歩約5分の「天龍寺」にもソメイヨシノを中心に、百数十本の桜があるので、足を延ばしてみては。

✽ 桜の穴場スポット ✽

京都御苑
きょうとぎょえん
map.p119

みごろ 3月下旬〜4月中旬

喧騒から離れてひっそりと桜見物

便利な街中にあって、花見客もまばら。ゆっくり静かに桜を楽しみたい人におすすめの場所。広大な敷地には意外にも桜が多く、樹齢60年前後の立派な桜が約1100本も植えられている。近衛邸跡のしだれ桜をはじめ、八重紅しだれ桜、山桜、里桜など見ごたえ十分。入苑自由。

二尊院
にそんいん
map.p130

みごろ 3月下旬〜4月上旬

嵐山のにぎわいから少し離れて

大勢の花見客でにぎわう渡月橋から約1.5キロ離れた、小倉山の東麓にある天台宗の寺院。参道にはソメイヨシノやしだれ桜の桜並木があり、ここでしか見られない遅咲きの「二尊院普賢象桜」は必見。嵯峨野らしい風情が漂い紅葉で有名だが、春はそれほど混雑しない。

その他の桜まつり・イベント

男山桜まつり
おとこやまさくらまつり
3月春分の日～4月30日
◉石清水八幡宮　map.p141
「やわたのはちまんさん」と親しまれている、男山に鎮座する八幡様。山上境内に約200本、男山全体で約2000本の桜があり、平安時代からの桜の名所。桜まつり期間中は土日を中心に神楽奉納や尺八演奏、野点など様々な祭典行事が行われる。◆男山ケーブル「男山山上駅」

岡崎さくら・わかば回廊 十石舟めぐり
おかざきさくら・わかばかいろう じっこくぶねめぐり
3月下旬～5月6日 9:30～16:30
◉南禅寺舟溜まり乗船場～夷川ダム往復
ソメイヨシノや山桜の美しい琵琶湖疎水沿いの桜並木を、舟の上から楽しめる春限定の十石舟。約3キロ、25分。大人1000円。桜の開花時は夜の運航もあり、桜もライトアップされる。◆地下鉄東西線「蹴上駅」

宇治川さくらまつり・炭山陶器まつり
うじがわさくらまつり・すみやまとうきまつり
4月第1土曜・日曜 10:00～16:00
◉宇治川中の島一帯
宇治川沿いや中の島一帯に、ソメイヨシノなど約2000本の桜が見頃を迎える中、野点茶席や宇治川春の市、花見舟、鵜飼など様々な催しが開かれる。しだれ桜の開花中は夜のライトアップあり。
◆JR奈良線「宇治駅」

さくら祭
さくらまつり
4月第1日曜
◉大石神社
『忠臣蔵』の大石内蔵助をご祭神とする神社。京都でも有数のしだれ桜「大石桜」の下で、琴の演奏やお茶席などが設けられる。3月下旬～4月上旬まで夜のライトアップあり。◆京阪バス「大石神社前」　住京都市山科区西野山桜ノ馬場町116

桜祭（雅楽祭）
さくらまつり（かがくさい）
4月第3日曜 11:00～
◉梅宮大社　map.p132
祭礼に雅楽が奏された最初の祭りともいわれる大祭が平成8年に復活。八重桜の開花に合わせて行われ、雅楽と舞楽が奉納される。神酒の無料接待あり（9時半～16時半）。◆市バス「梅ノ宮大神宮前」

さくらまつり 萌桜会
さくらまつり ほうおうえ
4月末～GW頃
◉比叡山延暦寺 西塔
約40種類の八重桜が見られる桜の名所。通常非公開のお堂で、座禅体験など様々な催しを開催。
◆京阪バス・京都バス「延暦寺バスセンター」から山内シャトルバス　住大津市坂本本町4220

春のライトアップ

◆ 京都・東山花灯路
3月上旬～中旬
白壁や石畳が美しい東山の散策路を露地行灯の灯りで演出。周辺寺院、神社では特別拝観とライトアップが行われる。

◆ 東寺
3月下旬～4月中旬
五重塔を背景に八重しだれ桜の「不二桜」が美しい。

◆ 嵐電北野線 桜のトンネル
3月下旬～4月上旬
約200mの沿線の桜を、灯りを消した車内から楽しむ。

◆ 京都府立植物園
3月下旬～4月中旬
3月中旬の「寒桜」から4月下旬の「菊桜」まで、約100品種450本の桜が美しい。

◆ 泉涌寺別院 雲龍院
4月初旬
満開に近づく美しいしだれ桜など、春らんまんの寺庭を拝観。

◆ ふかくさまるごと
  ライトアップ
3月下旬～4月初旬
JR「稲荷駅」、京阪「伏見稲荷駅」すぐの稲荷橋から下極楽橋までの琵琶湖疎水沿いの桜並木がライトアップ。

◆ 下木屋町 夜桜ライトアップ
3月下旬～4月初旬
繁華街の桜の名所、木屋町では高瀬川沿いの約200本の夜桜が楽しめる。

Column

Pick up 春の特別拝観・特別公開
（3月～）

|洛中|

◉ 相国寺　map.p126
「春の特別拝観」
3月下旬～6月上旬
臨済宗相国寺派の大本山。蟠龍図が描かれる法堂や開山堂、浴室などが公開（予告なく中止の場合あり）。■10:00～16:00　◆地下鉄烏丸線「今出川駅」

◉ 京都御所　map.p119
「春の一般公開」
4月上旬
通常の申し込み手続きなしに紫宸殿など御所内の参観可能。■9:00～15:30　◆地下鉄烏丸線「丸太町駅」

|洛東|

◉ 高台寺　map.p102
「春の特別展／夜間特別拝観」
3月中旬～5月GW最終日
豊臣秀吉の正室「北政所」ゆかりの寺宝を多く所蔵。小堀遠州作といわれる庭園が見事。塔頭である「圓徳院」でも同時期に特別展と夜間拝観がある。■9:00～21:30　◆市バス「東山安井」

◉ 銀閣寺　map.p114
「春の特別公開」
3月中旬～5月GW最終日
茶、花、香の原点となった国宝「東求堂 同仁斎」や「弄清亭」、与謝蕪村などの襖絵を公開。■10:00～15:30　◆市バス「銀閣寺道」

◉ 青蓮院門跡　map.p105
「好文亭特別拝観」
春分の日～5月5日までの土日祝
後桜町上皇が御学問所として使用した茶室「好文亭」が公開。期間中はお茶席が設けられる。東山花灯路の期間中、3月下旬～4月初旬、4月下旬～5月初旬は夜間特別拝観あり。■10:00～15:30　◆市バス「神宮道」

|洛西|

◉ 正伝永源院（建仁寺）
map.p106
「春の庭園特別公開」
4月～5月GW頃
大名茶人・織田有楽斎と熊本藩主・細川家の菩提所。境内には有楽斎が建てた国宝の茶室「如庵」が復元され、桜とつつじが美しい庭園とともに公開。■10:00～16:00　◆市バス「東山安井」

◉ 東福寺　map.p96
「新緑遊行と京の陶器市」
4月下旬～5月GW
新緑の美しい季節に非公開の国宝「三門」を特別公開。陶器市やイベントも同時開催。■9:00～15:30　◆市バス「東福寺」

|洛西|

◉ 平岡八幡宮
「花の天井　春の特別公開」
3月上旬～5月中旬
江戸時代に描かれた神殿天井44枚の極彩色の花絵を公開。拝観者には大福茶の接待あり。■10:00～15:30頃　◆市バス・JRバス「平岡八幡前」

◉ 宝厳院　map.p130
「春の特別拝観」
3月下旬～6月下旬
天龍寺塔頭。江戸時代から名庭として名高い、嵐山を借景とした回遊式山水庭園「獅子吼の庭」を公開。同じく天龍寺塔頭の「弘源寺」でも寺宝を公開（5月中旬まで）。■9:00～16:30　◆市バス「嵐山天龍寺前」

◉ 清凉寺　map.p130
「霊宝館の特別公開」
4月～5月
国宝の阿弥陀三尊像、重文の釈迦十大弟子像など多数の寺宝公開。■9:00～17:00　◆市バス「嵯峨釈迦堂前」

|洛南|

◉ 醍醐寺　map.p141
「霊宝館特別公開」
3月中旬～5月中旬
桜の名所である醍醐寺では桜の時期に、6万点以上もの国宝の一部を公開。■9:00～16:30　◆地下鉄東西線「醍醐駅」

◉ 東寺　map.p96
「宝物館春期特別公開」
3月20日～5月25日
密教美術の宝庫である東寺。約1万5000点以上の中からテーマを決めて公開。■9:00～17:00　◆近鉄京都線「東寺駅」

|洛北|

◉ 大徳寺　map.p128
「興臨院・黄梅院・総見院特別公開」
3月～6月頃
大徳寺塔頭の特別公開。「興臨院」は前田家菩提寺で、本堂などは室町時代の禅宗建築の代表作。「黄梅院」の庫裡は禅宗寺院で現存する最古のもの。「総見院」は織田信長の菩提所。■10:00～16:00　◆市バス「大徳寺前」

|全域|

◉ 各寺院・神社など
「京都春季非公開文化財特別公開」
4月中旬～5月
通常は公開されていない貴重な文化財を、事前申し込み不要で公開。■9:00～16:00

5 皐月 May 1〜31

1
- 藤森祭／藤森神社（〜5日） ● 春の古書大即売会／京都市勧業館（〜5日）
- 千本ゑんま堂大念仏狂言／千本ゑんま堂（引接寺）（〜4日）
- 寺宝虫払行事／神護寺（〜5日） ● 方徳殿特別公開／大将軍八神社（〜5日）
- 大原女まつり／大原の里（〜15日） ● 鴨川をどり／先斗町歌舞練場（〜24日）
- 鴨川納涼床／貴船の川床（〜9月30日）

2
- 神泉苑祭／神泉苑（〜3日）

3
- 稲荷祭（還幸祭）／伏見稲荷大社（〜4日は後宮祭）
- 流鏑馬神事／下鴨神社

4

5
- 例大祭地主祭り（神幸祭）／地主神社 ● 今宮祭／今宮神社（還幸祭は15日に近い日曜） ● 例大祭（神幸祭）／新熊野神社
- 泰山府君祭端午大護摩供／赤山禅院 ● 菖蒲神事／貴船神社

6

7

8
- 山蔭神社例祭／山蔭神社

9

10

11
- 還幸祭／松尾大社

12
- 御蔭祭／下鴨神社

13

14

15
- 葵祭（賀茂祭）／下鴨神社、上賀茂神社

ツツジ・上旬の土日祝、サツキ・下旬〜6月上旬の土日 ● 春の特別公開　安楽寺

その他
満月の夜 ● 五月満月祭　鞍馬寺
第3または第4土日　● 還幸祭　下御霊神社
第3、第4日曜　● 嵯峨祭／愛宕神社、野宮神社

36

16

17

18
● 御霊祭／御霊神社（上御霊神社）

19
● 明恵上人忌／高山寺 ● 年祝祷会／瑞光寺 ● 疫神社祭／八坂神社内の疫神社

20

21

22

23

24

25

26

27

28
● 業平忌／十輪寺

29

30

31

5月

may 5 皐月

*GWの行事・イベント

keyword
- ●菖蒲の節句
- ●神幸祭
- ●還幸祭

藤森祭 （ふじのもりまつり） 大いに楽しむ　1~5日
●藤森神社

古来より旧暦5月5日に行われ、菖蒲の節句発祥の祭りともいわれる。最終日の5日は7時半頃から神幸祭が行われ、その後に武者行列がスタート。3基の神輿は京都で最も優雅なものとして知られ、鼓笛隊や鉄砲隊も続く。13時と15時には境内で「駈馬神事」が行われ、馬上での逆立ちなど驚きの曲乗りを披露。
◆市バス「藤森神社前」住京都市伏見区深草鳥居崎町609

春の古書大即売会　1~5日
10:00~16:45（最終日は~16:00）
●京都市勧業館（みやこめっせ）map.p116

「京の三大古本まつり」のひとつ。京都、大阪、奈良、岡山など40店以上の古書店が集結。小説、文庫、学術書、美術書、古典籍、絶版マンガなど50万冊以上が出品される。京都に関する本も約1万冊並ぶ。◆市バス「岡崎公園 美術館・平安神宮前」

千本ゑんま堂大念仏狂言　1~4日
1・2日19:00~　3・4日13:00~、18:00~
●千本ゑんま堂（引接寺）map.p128

「京の三大念仏狂言」のひとつ。境内にて有言の仮面喜劇全23演目を無料で鑑賞できる。
◆市バス「千本鞍馬口」

宝物虫払行事 （ほうもつむしばらい）　1~5日
9:00~16:00
●神護寺　map.p87

源頼朝や平重盛を描いたと伝わる国宝の肖像画など、国宝・重文を含む計68点もの寺宝が、虫干しをかねて一般公開される。会場となる書院では、国宝の釈迦如来像や空海が行った密教の重要儀式の記録「灌頂暦名」（国宝）など、貴重な寺宝の数々が目の前で見られる。
◆市バス「高雄」

方徳殿特別公開　1~5日
10:00~16:00
●大将軍八神社　map.p120

陰陽師ゆかりの宝物館が、毎年春と秋（11月1~5日）の年2回のみ一般公開される（特別公開日以外は前日までの要予約）。館内には100体以上の神像が祀られ、そのうち80体が重要文化財。安倍晴明ゆかりの資料も展示される。◆市バス「北野天満宮前」

神泉苑祭　2・3日
10:00~
●神泉苑　map.p118

源義経と静御前との出会いの場といわれ、嵯峨天皇が「花宴の節」を催すなど、平安京最古の庭園として知られる神泉苑の春祭り。善女龍王社拝殿には神輿を祀り、境内には3本の剣鉾が立てられる。よかろう太鼓の奉納や稚児巡礼・お練り、「静御前の舞」奉納、野立茶会などが行われる。◆市バス「神泉苑前」

稲荷祭（還幸祭）　3・4日
還幸祭は3日16:00~
●伏見稲荷大社　map.p97

9時から本殿内陣の御簾五条に、葵5個を結んだ桂の枝3本ずつを懸ける「葵桂奉懸の儀」が行われる。京都駅そばのお旅所に駐輿していた5基の神輿が、氏子区域を巡行して本社に還幸する。◆JR奈良線「稲荷駅」

例大祭 地主祭り（神幸祭）　5日 13:00~
●地主神社　map.p101

約1000年前の臨時祭が起源とされ、家内安全、土地守護、事業繁栄、良縁達成を祈願する祭礼。神宮、巫女、白川女、稚児、武者など約100名の行列が、雅楽の調べにのり時代絵巻さながら清水坂などを練り歩く。白川女は、神社の境内に咲く地主桜を御所に献上したという「白川女の花使い」の故事により、当時の様子をそのまま伝える。◆市バス「五条坂」「清水坂」

神幸祭（おいで）と還幸祭（おかえり）って？

この時期のお祭りでよく聞かれる、「おいでまつり」とも呼ばれる神幸祭。神幸祭とは、ご神体などを神輿に移し、降臨の地や元の鎮座地などである御旅所や元宮へお出かけ（御幸、渡御）していただき、氏子地域を見回る（巡幸）神社の祭礼のこと。また、ご神体が神社に戻られる場合は、還幸祭と呼ばれる。
京都の夏の風物詩「祇園祭」（p54）でも同様に、神幸祭（7月17日）と還幸祭（7月24日）が行われる。

今宮祭　一度は見たい　5日
10:00~、15日に近い日曜日12:00~
●今宮神社　map.p128

平安時代の紫野御霊会より続く、歴史ある「西陣の祭」。5日は神幸祭、15日に近い日曜日が還幸祭となる。5日は車太鼓を先頭に祭鉾、八乙女、牛車、神輿などが町を巡行する。神輿は大きさ、重さも京都一といわれる。祭礼中の御旅所は夜になるとたくさんの氏子の参詣と出店でにぎわう。◆市バス「船岡山」

例大祭（神幸祭）　5日 12:00~
●新熊野神社　map.p98

年一度の大祭。先導所役が行列の道筋を、巫女たちが見物客を祓い清めながら、鳳輦や稚児などの行列が練り歩く。◆市バス「今熊野」

泰山府君祭 端午大護摩供　5日 9:00~14:00
●赤山禅院　map.p124

千日回峰行を満行した大阿闍梨による「災厄除去・病魔退散」の大護摩供が行われる。お神酒無料接待あり。◆市バス「修学院離宮道」

菖蒲神事　5日 11:00~
●貴船神社　map.p134

菖蒲は邪気を祓うとされる芳香と、刀に似た葉形により、古来から端午の節句に供えられてきた。貴船神社では菖蒲と蓬を持った巫女の舞が奉納され、神職と参列者（先着30名）がともに粽をいただく。◆京都バス「貴船」

その他の行事

床開き
鴨川納涼床→P64へ
貴船の川床　5月1日〜9月30日
高雄の川床　4月上旬〜11月下旬　青もみじが清々しい清滝川の流れを愛でながら、ホタル鑑賞や鮎などの川床料理が楽しめる。

大原女まつり　1〜15日　10:00〜16:00
●大原の里　map.p133
頭巾をかぶり筒袖に帯を前で結び、脚絆にわらじばきという「大原女」の衣裳を着て、緑豊かな大原の里を散策できる（要予約）。期間中の土曜または日曜日は、寂光院から勝林院までの道のりを各時代ごとの衣装を着た大原女たちによる「大原女時代行列」のほか、シバ漬けのシソ苗植え体験（要予約）もあり。◆京都バス「大原」

山蔭神社例祭　8日　14:00〜
●山蔭神社　map.p113
吉田神社境内にある山蔭神社は、料理飲食の祖神が祀られ、料理人や飲食業界の参拝者が多い。例祭当日は、手を使わずに包丁と菜箸だけで魚をさばく「生間流包丁式」の奉納がある。◆市バス「京大正門前」

松尾大社還幸祭　11日
●松尾大社　map.p132
本社本殿、楼門、社殿、御旅所本殿、神輿、神職の冠や烏帽子にも葵と桂を飾りつけるので、古来より「松尾の葵祭」「松尾の国祭」ともいわれる、松尾大社の神輿渡御祭。4月20日以後の第一日曜日の神幸祭で御旅所に出御された神輿・唐櫃が本社まで、西寺跡の「旭の辻」や「朱雀御旅所」などをへて、還ってこられる。「松尾使」として奉仕する稚児の姿も見られる。◆市バス「松尾大社前」

五月満月祭　満月の夜　19:00〜
●鞍馬寺　map.p134
5月の満月には天と地の間に通路が開かれ、地上にひときわ強いエネルギーが注がれるといわれている。五月満月祭では、満月に灯りを捧げ、清水を供えて人類のめざめと平安を祈願する儀式で、鞍馬山に古くから伝わるという。ヒマラヤ山中や東南アジアでも同様のウエサク祭が行われているという。◆叡山電鉄「鞍馬駅」

御霊祭　一度は見たい　18日（前日は宵宮）
●御霊神社（上御霊神社）　map.p126
天変地異や疫病などを恐れ、悲運の中で亡くなった人々の霊を鎮める御霊信仰発祥の地。現在は上京区・北区にわたる1万3000戸の氏神様として崇拝されている。還幸祭では140年ぶりに京都御苑巡行が完全復活し、後陽成天皇、後水尾天皇寄進の鳳輦を造り替えた神輿や牛車、600余人の時代行列など日本最古の御霊会を今に伝える。なお、御霊祭は中京区の下御霊神社でも行われている。◆地下鉄烏丸線「鞍馬口」

還幸祭　第3または第4土日（前日は宵宮）
●下御霊神社　map.p119

年に一度、ご祭神の分霊が鳳輦や神輿に乗って氏子区域を巡行する古来からの祭礼。神幸例の最前列あたりを行く剣鉾は、江戸時代に歴代天皇から寄付されたもの。明正天皇から寄付された猿田彦神面を納めた神輿が先導する。神社の境内と門前の寺町通東側（丸太町〜二条）に露店が100軒ほど並び、多くの人でにぎわう。◆市バス「河原町丸太町」

嵯峨祭　第3・第4日曜日
●愛宕神社・野宮神社　map.p130

愛宕、野宮神社の祭礼。450年以上の歴史ある祭りで、江戸時代には松尾芭蕉も見学したという記録が残る。第3日曜日は神幸祭で、清涼寺前の御旅所に神輿が並ぶ。第4日曜日は還幸祭で、神輿や龍鉾、麒麟鉾など長さ約5mにもなる5基の剣鉾、稚児行列などが御旅所から大覚寺、嵐山など嵯峨野一帯を巡行する。◆市バス「嵯峨釈迦堂前」

＊花を愛でる催し

山吹まつり　4月中旬〜5月初旬
●松尾大社　map.p132

関西有数の山吹の名所として知られる松尾大社。境内には約3000株もの山吹があり、桜と入れ替わるように黄金色の八重や一重の花をつける。「一ノ井川」の両岸に咲く山吹は、川を覆うように枝垂れ咲く様子が印象的。期間中はライトアップや奉納コンサートなども開催予定。◆市バス「松尾大社前」

春の特別公開　5月上旬・下旬〜6月上旬の土日祝　9:30〜16:30
●安楽寺　map.p114

桜の時期の特別公開（4月上旬の土日）に続き、ツツジ（5月上旬の土日祝）、サツキ（5月下旬〜6月上旬の土日）が見ごろを迎える頃に合わせ、通常は非公開の庭園や本堂を一般公開する。本堂では30分おきに10分間、寺の縁起について説明がある。宝物（掛け軸）の公開もある。◆市バス「真如堂前」

つつじ・しゃくなげ園開園　4月中旬〜5月中旬　8:30〜16:30
●三室戸寺　map.p137

ツツジ2万株、石楠花1000株を公開。ツツジは平戸ツツジや霧島ツツジ、久留米ツツジなど近畿でも有数の名所で、例年はGW前後に満開になる。◆京阪バス「三室戸寺」

写真左は楼門横に咲く一重の山吹。写真下は一ノ井川の両岸に咲く山吹。約100mの距離を山吹が埋めつくす様子は圧巻

葵祭
5/15

知る

年間で300を越える祭りがあるといわれる京都の三大祭といえば、「祇園祭」「時代祭」、そして「葵祭」(賀茂祭)。葵祭はもともと賀茂氏の祭で、現在の上賀茂神社と下鴨神社で五穀豊穣を祈願する祭が、6世紀半ばに起こった飢饉をきっかけに国家の一大行事となった。当時は葵祭に奉仕した斎王が賀茂の宮におられたが、現在は京都在住の未婚女性が斎王代として選ばれ、斎王代を中心とした平安王朝そのままの行列が巡行する。

楽しむ

『源氏物語』の光源氏も務めた天皇からの使者「勅使」(現在は近衛使代)がいる本列、斎王代を中心とした斎王代列(女人列)など、王朝絵巻そのままの500名を越える行列が、御所を出発して下鴨神社から上賀茂神社まで巡行する。飾り馬に乗った近衛使代、斎王代のきらびやかな十二単、おすべらかしにつけた金属製の飾り物「心葉」、藤の花で飾られた牛車など、『源氏物語』の一場面を彷彿とさせるような雅な世界が堪能できる。

葵祭の前儀

清々しい新緑の5月初旬、上賀茂・下鴨の両神社では、葵祭の前儀としてさまざまな祭礼が行われ、15日の葵祭を迎える。

流鏑馬神事
3日　13:00〜15:30
●下鴨神社
境内の糺の森の馬場にて行われる、狩装束の騎手が馬を走らせながら矢で的を射って、葵祭の道中を祓い清める神事。

斎王代女人列禊神事
4日　10:00〜
●上賀茂神社・下鴨神社隔年交代
京都在住の未婚女性から選ばれた斎王代と女人列に参加する女性たち約50名が正装し、小川に両手を浸して禊を行う。

歩射神事
5日　11:00〜
●下鴨神社
弓矢を使って葵祭の沿道を清める魔よけの神事。2本の矢を射て楼門の屋根を越えさせる、弓の弦を鳴らして邪気を祓うなど。

賀茂競馬
5日　14:00頃〜
●上賀茂神社
競馬発祥とされる地で、12頭の馬が左右つがいになって速さや作法を競う。その壮観な様子は『徒然草』にも描かれている。

御蔭祭
12日　9:30〜
●下鴨神社
比叡山山麓の御蔭神社から祭神の神霊を迎える神事。烏帽子、狩衣姿の神職らが巡行し、糺の森にて舞の奉納が行われる。

見るポイント

おすすめ観覧スポット

約1キロにもなる行列を見るなら、出発点の京都御所がある御苑内がおすすめ。御所の建物や東山連峰を背景に進む行列は、まさに王朝絵巻さながら。御苑には有料観覧席もある。正午前後なら下鴨神社境内の糺の森もいい。新緑の木もれびの中、女人列がより美しく、華やかに見える。午後は松並木をぬって北上する鴨川沿いの加茂街道がおすすめ。

✥葵祭の巡行コース✥

※時間は先頭通過の予定時刻
※通過所要時間は約1時間

行列の内容

✥本列✥

✥第一列　警護の列

先導する騎馬列「乗尻」、警察・裁判を司る「検非違使志」、山城介で山城国司の次官「山城使」など。

✥第二列　天皇からのお供え物の列

賀茂両社の神前に供える御幣物を納めた「御幣櫃」、御幣物を管理する「内蔵寮史生」、「御馬」「牛車」など。

✥第三列　勅使列

神前の舞楽用の「和琴」、「舞人」、天皇のお使いで行列の最高位である「近衛使代」が当時の様式で飾り馬に騎乗し、舎人や手振などがお供をする。大傘の上に杜若など季節の花（造花）を飾り付けた「風流傘」なども。

✥第四列　勅使のお供の列

賀茂両社で歌楽を奏する近衛府の五位の武官「陪従」に、楽器を運ぶ馬の列など。神前で奏上する御祭文を捧持する内蔵寮の次官「内蔵使」、「風流傘」など。

斎王代列（女人列）

花傘をさしかける高級女官「命婦」、食事を司る女官「女嬬」、「斎王代」、馬に乗った斎王つきの巫女「駒女」、斎院の会計を司る蔵人所の雅楽を演奏する文官「蔵人所陪従」、「牛車」（女房車）など。

6 水無月 June 1~30

1
●貴船祭／貴船神社 ●京都薪能／平安神宮（〜2日）●あじさい園公開／三室戸寺（〜7月中旬）●夏越祓／車折神社（〜30日）

2

3

4

5
●あがた祭／縣神社（〜6日）●開山忌／建仁寺

6

7

8

9

10
●田植祭／伏見稲荷大社

11

12

13

14

15
●青葉まつり／智積院 ●沙羅の花を愛でる会／妙心寺 東林院（〜30日）●例祭（大祭）／八坂神社 ●弘法大師降誕会／東寺

その他
第2木曜 ●嵐山若鮎祭　嵐山中ノ島公園
第3日曜 ●声明と三弦を聞く会／十輪寺
中旬〜9月下旬 ●宇治川の鵜飼／宇治公園中の島、塔の島周邊

初旬〜約1ヵ月 ●紫陽花苑公開と紫陽花まつり　藤森神社
6月上旬 ●「花しょうぶ」のころに神苑無料公開　平安神宮
中旬〜約1ヵ月 ●あじさい祭　三千院
6月〜約1ヵ月 ●半夏生の庭園特別公開／建仁寺 両足院

16	24
17	25
	●夏越祓／北野天満宮、白峯神宮、城南宮（〜30日）
18	26
19	27
20	28
●竹伐り会式／鞍馬寺	●夏越祓／松尾大社（〜30日）
21	29
22	30
	●夏越祓／上賀茂神社、今宮神社、吉田神社
23	

6月

初旬 ●蛍火の茶会／下鴨神社
中旬 ●大覚寺蛍放生／大覚寺
中旬の土日 ●あじさい園ライトアップ／三室戸寺
下旬の2日間 ●都の賑い（京都五花街合同伝統芸能特別公演）／南座

june 6 水無月

keyword
- 夜のイベント
- 紫陽花まつり
- 夏越祓

貴船祭
●貴船神社　map.p134　　　1日 11:00〜（一般見学13:00〜）

京都の奥座敷、貴船神社で行われる年一度の最大の祭儀。本宮での厳かな神事と舞楽奉納の後、山の神に届けとばかりにお囃子の軽快な調べにのって、貴船川沿いに金色の神輿が練り歩く。奥宮では「ヤマタノオロチ退治」の神話を神楽にした「出雲神楽」が奉納され、オロチ（大蛇）が口から火を吹く豪快なシーンが最大の見どころ。◆京都バス「貴船」

京都薪能
●平安神宮　map.p116　　　1・2日 16:30〜

昭和25年（1950）から始まり、初夏の風物詩として国内外から多数の来観者が訪れる京都薪能。かがり火が焚かれた平安神宮大極殿（拝殿）前の特設舞台で、観世・金剛・大蔵の各流派による能・狂言が上演され、幽玄の世界へと誘ってくれる。多彩な演目が演じられ、自然との一体感も感じられる。◆市バス「京都会館美術館前」

あがた祭
●縣神社　map.p136　　　5日・6日 10:00〜

女性の守護神として信仰される、宇治市にある縣神社の例祭。毎年5日から6日未明にかけて行われるので「暗闇まつり」「闇夜の奇祭」と呼ばれる。当日は新茶の販売など500店以上の露店が出店し、十数万人の見物客でにぎわう。クライマックスの「梵天渡御」では、家々も灯りを消した暗闇の中で梵天神輿が担がれ、台座を回転させる「ぶん回し」など勇壮に走り回る。2日後の8日には古式にのっとって街中を清め歩く「大幣神事」も行われる。◆京阪電車「宇治駅」

田植祭
●伏見稲荷大社　map.p97　　　10日 13:00〜

神前に供える御料米を神田に植える祭礼。本殿での祭典の後、神田にて平安朝をしのばせる「御田舞」の雅やかな調べにのって、茜だすきに菅笠の早乙女たちが早苗を植えていく。4月12日の「水口播種祭」でまいたモミ種を育てた早苗が植えられる。◆JR奈良線「稲荷駅」

嵐山若鮎祭　第2木曜日 11:00〜
●嵐山中ノ島公園　map.p130

嵐山を流れる保津川の鮎の解禁に合わせて、新緑の中で若鮎の炭火焼が無料でいただける試食会を開催。「嵐山保勝会」に事前申し込みが必要。◆市バス「嵐山公園」

青葉まつり　15日 10:00〜
●智積院（ちしゃくいん）　map.p98

宗祖・弘法大師と中興の祖・興教大師の誕生を祝う法要。法螺、太鼓、錫杖の音が響きわたる厳かな雰囲気の中、山伏による柴燈護摩供が行われる。嵯峨御流の献花式や華道の展示、お茶席や福引などの催しもあり、「桜図」「楓図」など桃山時代を代表する国宝障壁画や名勝庭園も無料公開（9時〜16時）される。◆市バス「東山七条」

声明と三弦を聞く会　第3日曜 13:00〜
●十輪寺　map.p140

在原業平が晩年を過ごした天台系の古刹で、「業平寺」とも呼ばれる。風情ある山寺で、邦楽の源流といわれる仏教音楽の調べ「声明」が唱えられ、「三弦」の音色とともに楽しむ。◆阪急バス「小塩」

竹伐り会式　20日 14:00〜
●鞍馬寺　map.p134

平安時代初期、中興の祖である峯延上人が法力で大蛇を退治した故事にちなみ、弁慶かぶりの法師が大蛇になぞらえた青竹を山刀で切り落とす。法師は「近江座」と「丹波座」の2組に分かれ、青竹を切る速さを競い、その地方の1年間の豊凶を占う。水へ感謝を捧げ、災禍を絶ち、吉事の招来を祈る儀式。◆叡山電車「鞍馬駅」

夏の夜の風物詩「鵜飼」

宇治川の鵜飼
中旬〜9月下旬
●宇治公園中の島、塔の島周辺　map.p136

『蜻蛉日記』にも描かれる伝統の技で、内外から大勢の観光客が訪れる。松明の灯りがともる夕暮れ時、客船の周囲をまわりながら鵜匠が鵜飼を披露。鵜が魚をとらえる様子や、女性鵜匠らの鮮やかな技が間近に見られる。◆京阪電鉄「宇治駅」

嵐山の鵜飼
7月1日〜9月中旬
●嵐山　大堰川　map.p130

在原業平の歌にも詠まれ、千年の昔から受け継がれる嵐山の鵜飼。かがり火に映し出される景勝地・嵐山の風情と、風折烏帽子に腰蓑をつけた鵜匠の装束がいっそう風雅な趣を与えてくれる。川岸からは無料で見物できる。◆市バス「嵐山公園」

花を愛でる催し

あじさい園公開とライトアップ
1日～7月中旬　8:30~16:30

●三室戸寺　map.p137

約1200年前に創建され、「あじさい寺」とも呼ばれる古刹。西洋アジサイ、額アジサイ、柏葉アジサイをはじめ、「幻のアジサイ」といわれる「七段花」など約50種1万株のアジサイが杉木立の間に咲き乱れ、幻想的な美しさ。6月中旬の土日にはライトアップもある（入替制）。◆京阪電車「三室戸駅」

紫陽花苑公開と紫陽花まつり
初旬～約1カ月　9:00~16:00

●藤森神社

勝運の神様としても信仰を集める「紫陽花の宮」。2つの紫陽花苑があり、アナベル、柏葉アジサイ、オタフクなど約3500株のアジサイが楽しめる。期間中の土日は雅楽や蹴鞠、琵琶演奏などが行われ、15日の「紫陽花まつり」では献花、献茶、神楽などが奉納される。◆市バス「藤森神社前」 住京都市伏見区深草鳥居崎町609

「花しょうぶ」のころに神苑無料公開
6月上旬　8:30~16:30

●平安神宮　map.p116

社殿を囲む4つの庭のうち、見ごろを迎えた約2000株の花菖蒲が咲く西苑を1日だけ無料公開（通常は600円）。日本人が古くから愛でてきた品種ばかり集めた約200種の花菖蒲が美しく咲き誇る。◆市バス「京都会館美術館前」

あじさい祭
中旬～7月上旬

●三千院　map.p133

奥の院あじさい苑には約3000株以上のアジサイが咲き、大原の里を紫色に染め上げる。芳香漂うコアジサイ、ホシアジサイなど珍しい品種も見られる。◆京都バス「大原」

半夏生の庭園特別公開
中旬～7月上旬　10:00~16:30

●建仁寺 両足院　map.p106

境内には京都府指定名勝庭園の池泉廻遊式庭園などがあり、初夏には池辺を半夏生が彩る。◆市バス「東山安井」

沙羅の花を愛でる会
15~30日　9:30~16:00

●妙心寺 東林院　map.p122

通常は非公開の妙心寺塔頭。『平家物語』の冒頭に出てくる沙羅双樹が見ごろを迎えるころに特別公開。◆JR嵯峨野線「花園駅」

※ ホタルを愛でる催し

蛍火の茶会
6月初旬 17:00頃〜
●下鴨神社　map.p126

境内の蛍約600匹を大籠に集め、暗くなった8時頃、一斉に御手洗川に放す。茶席は事前申し込みが必要。参道では「納涼市」を開催。
◆市バス「下鴨神社前」

大覚寺 蛍放生
6月中旬 18:00〜21:00
●大覚寺　map.p130

「源氏」発祥の歴史ある地で、源氏蛍を野に放ち、命の尊さを再認識する。僧侶の案内による夜間特別拝観もあり、精進料理もいただける（予約制）。◆市バス「大覚寺」

30日　夏越祓 (なごしのはらえ)

1年の折り返しにあたる6月30日。宮中では古くから6月晦日には「大祓い」が行われ、「夏越祓」として定着。半年分の穢れを祓い、残り半年の無病息災を祈る日となった。京都の各神社では茅の輪くぐりや、穢れを移した人形を川に流すといった神事が行われる。また、この日には「水無月」という和菓子を食べる風習もある。氷室の氷を食べて暑気払いをした故事にちなみ、悪魔祓いの小豆と三角形の白ういろうを氷に見立てた和菓子は、今もなお多くの京都人に愛される。

●北野天満宮　map.p120
25〜30日
夏越の天神ともいわれ、庶民の健康と無病息災を願い、京都最大という直径5mの「大茅の輪くぐり」が楼門で行われる。30日16時からは大祓式を開催。厄除け・病除けの小型の茅の輪が参拝者に授与（有料）。

●上賀茂神社　map.p127
30日10:00〜
宮中で行われる祭りに合わせ、夏越神事が行われる。20時からはかがり火に照らされた境内の「楢の小川」にて人形流しが行われる。

●今宮神社　map.p128
30日15:00〜
神職をはじめ参加者全員で茅の輪くぐりを行い大祓を奏上する中、「やすらい人形」を焼納して穢れを祓い清める。

●白峯神宮　map.p118
25〜30日17:00〜
人形祓い、茅の輪くぐりなどを行う。数量限定で水無月の無料授与あり。手作りの茅の輪も授与（有料）。

●城南宮　map.p140
25〜30日9:00〜16:00
茅の輪くぐりの後、庭園の小川にて人形流しを行う。車もくぐれるジャンボ茅の輪は7月1日〜7日に行われる。

●車折神社
1〜30日9:00〜16:00
約1カ月も茅の輪くぐりができる。5月15日から自分の息を吹きかけて穢れを移した人形を献納でき、30日の大祓式でお焚き上げが行われる。住京都市右京区嵯峨朝日町23

●松尾大社　map.p132
28〜30日13:00〜
茅の輪祓いの後、神職の先導で参加者と茅の輪くぐり初めを行う。志納で「お祓いさん」（短冊がついた茅）授与。

●吉田神社　map.p113
30日16:00〜
半年間の汚れを託した人形を焼納した後、参拝者とともにお祓いを行い、夏越の歌を唱えながら茅の輪をくぐる。参拝者には厄除けの茅を無料授与。

7 文月 July 1〜31

1

2

3

4

5

6
● 七夕会／高台寺（〜7日）

7
● 御手洗祭／北野天満宮　● 精大明神例祭／白峯神社
● 七夕祭／地主神社　● 七夕神事／貴船神社

8

9
● 陶器供養法要と陶器市／千本釈迦堂（〜12日）

10

11

12
● 観蓮会／法金剛院（〜8/3）

13

14

15

その他
上旬 ● ハス酒を楽しむ会／三室戸寺

7月

16

17
- 祇園祭 山鉾巡行

18

19

20
- 御田祭／松尾大社 ● お涼み／城南宮

21
- きゅうり封じ／神光院

22

23

24

25
- 鹿ケ谷カボチャ供養／安楽寺

26

27
- 辨天祭／長建寺

28
- 千日詣り・火渡り祭／狸谷山不動院

29

30

31
- 千日詣り／愛宕神社（〜8/1） ● 茅の輪神事／御香宮神社

土用の入後初の日曜または祝日 ● 本宮祭／伏見稲荷大社

july 7 文月

keyword
- 七夕
- 土用の丑の日
- 祇園祭

*七夕

御手洗祭・棚機祭（みたらしさい・たなばたさい） 一度は見たい
7日 10:00〜
●北野天満宮　map.p120

天神様の七夕として親しまれている。松風の硯に梶の葉を添え、水差、角盟、瓜や茄子などの野菜に素麺、御手洗団子を奉る。七夕の踊りが披露される。◆市バス「北野天満宮前」

精大明神例祭（せいだいみょうじんれいさい）
7日 14:00〜
●白峯神宮　map.p118

鞠の守護神・精大明神を祀ることから蹴鞠神事が行われ、山城舞楽、宮中行事の小町踊りが奉納される。一般の人も蹴鞠体験ができる。
◆市バス「堀川今出川」

七夕祭　独身女性に
7日 14:00〜
●地主神社　map.p101

縁結びの神社として知られる地主神社。一対の七夕こけしに名前を書いて笹につるし、良縁達成・恋愛成就を祈願。相手が決まっていない人は、理想のタイプを書くといいそう。
◆市バス「五条坂」「清水道」

西陣町家の七夕祭
1〜7日 9:00〜15:00
●冨田屋　map.p128

西陣くらしの美術館「冨田屋」は、京町家として国の登録有形文化財に指定されている老舗呉服商。ここで町家を見学し、笹飾りをつくり、七夕の料理をいただく。会費8640円（予約は2名より）。8月2日（旧暦）まで行っている。◆市バス9「一条戻橋・晴明神社前」

七夕神事（星祭と「笹の祓」）
7日 13:00
●貴船神社　map.p134

7日を中心に水祭が行われ、境内では七夕飾りのライトアップが。8月15日までの期間中はライブも行われる。◆京都バス「貴船神社」

七夕会
6〜7日 9:00〜　ライトアップ 17:00〜
●高台寺　map.p102

20数本の笹飾りが並び、17時からはライトアップがされる。事前に申し込めば、短冊を笹に下げられる。◆市バス「東山安井」

七夕には梶の葉に文字を書く

七夕には詩歌や裁縫の上達を願って、星に祈りをささげるという意味もある。そのとき、梶の葉に和歌をしたためて水に浮かべるそうだ。京都では今でも、昔にのっとり、歌会やこうした行事を行っている家があるそうだ。

その他の行事

御手洗祭(みたらしさい)
土用の丑の日頃
5:30~22:00
● 下鴨神社　map.p126

平安の頃より足を水に浸して身を清めれば、罪や穢れが祓われるといわれていた。そこから催されるようになったのが御手洗祭。参拝者は御手洗池に足をつけながら、献灯して無病息災、災難厄除けを祈願する。そのため「足つけ神事」とも呼ばれる。御手洗池の水は膝下まであるので、それに向く服装を。ちなみに「みたらし団子」はこの御手洗祭が語源といわれ、御手洗池の泡を人の形に模してつくられたとか。午前中から行われているが、夜の方がムードがある。◆市バス「下鴨神社前」

本宮祭

本宮祭(もとみやさい)
土用の入後
初の日曜の祝日
● 伏見稲荷大社　map.p97

全国に約3万ある稲荷神社の総本宮。全国から崇敬者が参拝する大祭で、奉納される約8000個の提灯が境内各所に飾られ、幽玄な光景が繰り広げられる。宵宮祭(本宮祭前日)と本宮祭があり、どちらも夕方からは本宮踊りが奉納される。◆JR奈良線「稲荷駅」

花を愛でる

ハス酒を楽しむ会
7月上旬
9:00~15:00
● 三室戸寺　map.p136

本堂前の「蓮園」にある約200鉢、100種類の蓮が8月上旬まで咲きほこる。7月の一日(年により変わる)にハス酒を楽しむ会が催される。ハスの葉に酒を注ぎ、茎をストローにして酒を飲む。健康・長寿に効ありと伝えられている。◆京阪本線「三室戸寺」

天得院本堂内の「花頭窓」から見るキキョウ。情緒溢れる眺めだ

桔梗の季節には特別拝観
6~7月
10:00~20:00
● 泉涌寺天得院　map.p96

東福寺の塔頭のひとつ。杉苔で覆われた枯山水庭園に咲く、紫、白、八重の約300本の桔梗。桔梗を愛でながら精進料理「桔梗膳」(京料理いそべ)をいただくこともできる(11:00~14:00 要予約)。特別公開期間は夜間ライトアップも行われる。◆JR奈良線「東福寺」

祇園祭

祇園祭は八坂神社の祭。2014年の祇園祭では49年ぶりに「後祭」巡行が復活し、また、150年ぶりに「四条町大船鉾」が復活。あらたな祇園祭スタートの年になった。

知る

❶平安時代から続く

平安時代（869年）に疫病が流行し、京都の広大な庭園「神泉苑」に、当時の国の数である66本の鉾を立てて、祇園の神（スサノオノミコら）が疫病退散を祈願したのが、祇園祭の始まりとされる。1100年以上続く、日本文化の結晶といわれる祭りだ。

❷町衆のお祭りに

疫病退治祈願から始まったが、町衆が経済的に台頭してくると、山鉾を競い合う山鉾巡行を中心とする町衆の祭りの色が濃くなる。応仁の乱の前には58基の山鉾があったとか。ちなみに2014年は33基だった。

❸7月1日から31日まで続く

7月1日には、祭りの無事を祈願する「吉符入」という神事が各山鉾町で行われ、祭りはスタート。様々な神事やお披露目が続き、31日に祭りが無事に終了したことを八坂神社境内疫神社に報告して、祭りは終了する。ハイライトは17日（前祭）と24日（後祭）、それに宵山。

❹ユネスコ無形文化遺産に登録

2009年に「京都祇園祭の山鉾行事」がユネスコ無形文化遺産に登録される。

楽しむ

❶「宵山」で祭りの雰囲気を満喫

14～16日は前夜祭にあたる「宵山」。大きく3つの楽しみがある。

- 各山鉾町では山鉾を飾り、祇園囃子を奏でる。12～14日までは各山鉾町内で試し曳きができる。夜ともなると、山鉾が並ぶエリア内は道の両側に夜店が埋め尽くす。厄除けの粽やお札の授与が楽しみだ。
- 旧家や老舗などでは「屏風祭」が行われる（p57参照）。
- 四条通は八坂神社→堀川間、烏丸通は高辻→御池間が歩行者天国になり、夜店が立ち並んでにぎわう。
- 15日の15時頃から八坂神社では、各種の伝統芸能が奉納される。

❷前祭と後祭の「山鉾巡行」を楽しむ

前祭 17日の午前9時、長刀鉾を先頭に、四条烏丸から河原町を経て御池通へ向かう。
高さ約25m、重さ10tにもなる山鉾を30～40人の男たちで方向転換する「辻廻し」が交差点で披露される。勢いと技は圧巻。

後祭 後祭の山鉾巡行は、10基の山鉾が神様を八坂神社にお送りするもので、前祭に比べ静かに行われる。

祇園暦

7月1日～31日までの間に、様々な神事や行事が行われる。

- 1～5日　吉符入［各山鉾町］
  各山鉾町で祭りの無事を祈願。
- 1～9日　二階囃子［各山鉾町］
  会所の二階でお囃子の稽古が始まる。
- 1日10時～　長刀鉾町［八坂神社］
  お千度本年の稚児らが神事の無事を八坂神社に祈願。
- 2日10時～　くじ取式［京都市役所］
  山鉾巡行の順番を決めるため、京都市長立会いのもと各山鉾町代表がくじを取る。
- 3日　神面改め［船鉾町］
  船鉾のご神体、神功皇后像につける面を確める儀式。
- 5日15時30分～　長刀鉾稚児舞披露［長刀鉾町］
  稚児舞を会所の2階から披露。
- 7日14時30分　綾傘鉾稚児社参［八坂神社］
  稚児6人が八坂神社に参拝。
- 10日　神用水清祓式［氏子区内］
  神輿洗式用の御神水を鴨川からくみ上げお祓いをする。
- 10日16時30分～21時　お迎提灯［氏子区内］
  神輿洗式の神輿を迎えるため、氏子の祇園万灯会有志が祇園界隈を巡行する。
- 10日20時～　神輿洗式［四条大橋］
  大松明で清めた道を通り、3基の神輿を代表して「中御座」が四条大橋上で清められる。
- 10～13日　鉾建て［各山鉾町］
  山鉾を各町内で組み立てる。
- 12～14日　山鉾曳き初め［各山鉾町］
  組み立てた山鉾を試し曳きする。
- 12～16日　祇園囃子［各山鉾町］
  山鉾の上で祇園囃子が奏でられる。
- 13日　長刀鉾稚児社参［八坂神社］
  唯一の生稚児である長刀稚児が白馬に乗り八坂神社に詣でる。
- 14～16日　宵山、屏風祭など［各山鉾町］
  各山鉾町でご神体を飾り祇園囃子を奏でる。また、旧家や老舗などで「屏風祭」が。
- 15日10時　生間流式包丁［八坂神社］
  生間流による包丁式が奉納される。
- 15日　伝統芸能奉納［八坂神社］
- 16日9時　献茶祭［八坂神社］
  表千家家元と裏千家家元が隔年で奉仕する。
- 16日夕刻より　宵宮神賑奉納行事［八坂神社］
  石段下四条通りで各種芸能奉納行事が。
- 16日23時～　日和神楽［四条御旅所・八坂神社］
  巡行日の晴天を祈願して各山鉾町の囃子方が会所から四条寺町の御旅所間を演奏。
- 17日9時　前祭　山鉾巡行
- 17日16時～　神幸祭［八坂神社～四条御旅所］
- 17～21日　後祭　山・鉾建て［各山鉾町］
- 20～21日　後祭　山鉾曳き初め
- 20日15時　花傘巡行列者に神事の宣状を授ける式
- 21～23日夕刻より　後祭　山鉾上での囃子［各山鉾町］
- 23日9時　煎茶献茶祭［八坂神社］
  煎茶家元六流によって献茶が行われる。
- 23日13時　琵琶奉納［八坂神社］
- 23日14時　オハケ清祓式［八坂神社］
- 23日23時　後祭　日和神楽［四条御旅所］
- 24日9時30分～　後祭　山鉾巡行
- 24日10時～　花傘巡行
  ［八坂神社～四条御旅所～市役所前～八坂神社］
- 24日16時～　還幸祭［四条御旅所～八坂神社］
  御旅所に安置されていた3基の神輿が八坂神社に還幸し、23時ころ、御神霊を本社に還す「御神霊還し」の神事が行われる。
- 25日13時　狂言奉納［八坂神社］
- 28日10時～　神用水清祓式［宮川堤（鴨川）］
- 28日20時～　神輿洗式［四条大橋］
- 29日10時～　神事済奉告祭［八坂神社］
  祇園祭の終了を報告する。
- 31日10時～　疫神社夏越祭
  ［八坂神社境内疫神社］
  祇園祭最後の神事が行われる。

山鉾巡行経路・花傘巡行経路

▶ **17日 前祭 山鉾巡行**
氏子区内〜四条烏丸〜四条御旅所〜四条河原町〜河原町御池〜新町通

▶ **24日 後祭 山鉾巡行**
氏子区内〜烏丸御池〜市役所前〜四条御旅所〜四条烏丸

▶ **24日 花傘巡行**
八坂神社〜四条御旅所〜市役所前〜八坂神社

前祭

- ① 長刀鉾（なぎなたほこ）
- ② 函谷鉾（かんこほこ）
- ③ 菊水鉾（きくすいほこ）
- ④ 鶏鉾（にわとりほこ）
- ⑤ 月鉾（つきほこ）
- ⑥ 放下鉾（ほうかほこ）
- ⑦ 船鉾（ふねほこ）
- ⑧ 岩戸山（いわとやま）
- ⑨ 保昌山（ほうしょうやま）
- ⑩ 孟宗山（もうそうやま）
- ⑪ 占出山（うらでやま）
- ⑫ 山伏山（やまぶしやま）
- ⑬ 白楽天山（はくらくてんやま）
- ⑭ 霰天神山（あられてんじんやま）
- ⑮ 綾傘鉾（あやがさほこ）
- ⑯ 郭巨山（かくきょやま）
- ⑰ 伯牙山（はくがやま）
- ⑱ 蟷螂山（とうろうやま）
- ⑲ 四条傘鉾（しじょうかさほこ）
- ⑳ 芦刈山（あしかりやま）
- ㉑ 油天神山（あぶらてんじんやま）
- ㉒ 太子山（たいしやま）
- ㉓ 木賊山（とくさやま）

後祭

- ㉔ 北観音山（きたかんのんやま）
- ㉕ 南観音山（みなみかんのんやま）
- ㉖ 鈴鹿山（すずかやま）
- ㉗ 浄妙山（じょうみょうやま）
- ㉘ 橋弁慶山（はしべんけいやま）
- ㉙ 役行者山（えんのぎょうじゃやま）
- ㉚ 黒主山（くろぬしやま）
- ㉛ 鯉山（こいやま）
- ㉜ 八幡山（はちまんやま）
- ㉝ 四条町大船鉾（しじょうまちおおふねほこ）

もうひとつの祇園祭

屏風祭

山鉾町にある旧家や老舗が、それぞれが所蔵する美術品や調度品などを飾り公開する催しを「屏風祭」といい、主に13〜17日の宵山の時期に行われる期間限定のミュージアムだ。室町通りや新町通りの周辺で多く見られ、京都の町衆の暮らしぶりや文化を垣間見られるいいチャンスになる。

屏風祭の開催場所

1. 荒木装束店▶烏丸通三条上ル
2. 岸本絞工芸▶三条通新町西入ル
3. 紫織庵▶新町通六角入ル 10:00〜22:00・有料
4. 伴市▶六角通烏丸西入ル 18:00〜22:00（休止中）
5. 松村家▶六角通烏丸西入ル 事前の申し込みが必要
6. 木村家▶六角通烏丸西入ル
7. 松坂屋▶新町通六角下ル
8. 野田家▶新町通六角下ル
9. 吉田家▶新町通六角下ル
10. 藤井絞▶新町通六角下ル
11. 安田多七▶烏丸通錦小路上ル
12. 平岡旗製造▶四条通西洞院東入ル
13. やまいち▶西洞院通四条下ル
14. 杉本家住宅▶綾小路通新町西入ル
    京都市指定有形文化財 14〜16日 有料
15. 長江家住宅▶新町通綾小路下ル
    京都市指定有形文化財 14〜16日 有料
16. 横山商店▶西洞院綾小路南西角
17. 青木家▶綾小路通西洞院西入ル

各山鉾で祇園祭グッズを販売

祇園祭で一番有名なのは厄除けの粽。食べる粽ではなくお守りで、各山鉾でデザインが異なり、宵宮の14〜16日限定で販売。京都人はこれを玄関に1年間飾る。例えば長刀鉾など人気の粽は早くに売り切れてしまう。粽以外にもお守りや手ぬぐいなど各山鉾では祇園グッズを販売する。

御朱印を集める

14〜16日の宵宮期間中に、各山鉾で御朱印の授与が行われる。朱印帳は各山鉾の会所で販売。

8 葉月 August 1~31

1
● 万灯会、夕涼み浴衣の茶会／高台寺（万灯会は～18日、浴衣の茶会は～17日の金土日）

2

3

4

5
● 万灯会／醍醐寺

6
● 矢取神事／下鴨神社

7
● 六道まいり／六道珍皇寺（～10日）、千本ゑんま堂（～15日）
● 五条坂陶器まつり／若宮八幡宮（～10日）

8
● 万灯会／六波羅蜜寺（～10日）

9
● 千日詣り／清水寺（～16日） ● お精霊迎え／妙心寺（～10日）

10

11

12

13

14
● 万灯会／三千院（～15日）、東本願寺大谷祖廟（～16日）

15
● 松上げ／花背

その他
10日前後 ● 宇治川花火大会
お盆の期間 ● 下鴨納涼古本まつり／下鴨神社糺の森
上旬 ● 京の七夕（堀川会場・鴨川会場）

16

- 嵐山灯籠流し／嵐山中之島公園 ●遍照寺灯籠流し／遍照寺
- 五山送り火

17

18

19

20

21

22

23

- 千灯供養／化野念仏寺（〜24日）

24

- 花笠踊り／志古淵神社

25

- 夏季大祭／吉祥院天満宮 ●夏祭り／長岡天満宮
- 天神市／北野天満宮

26

27

28

29

30

31

- 八朔祭／蔵王堂光福寺 ●嵯峨天皇祭／梅宮大社

8月

august 8 葉月

keyword
- 旧暦の七夕
- お盆行事

*お盆行事

精霊迎え
京都ではお盆に帰ってくる先祖をお精霊さんと呼んでお迎えする。

六道まいり
- ●六道珍皇寺　map.p100　7〜10日
- ◆市バス「清水堂」
- ●千本ゑんま堂　map.p128　7〜15日
- ◆市バス「千本鞍馬口」

お精霊さんが六つの道に迷うことなく迎える「六道まいり」。東側に住む人は東山区にある六道珍皇寺に、北側に住む人は上京区の千本ゑんま堂に。迎え鐘をついて迎える。

万灯会とライトアップ
万灯会は灯明を供え、先祖や精霊を供養して、感謝をするお盆の行事。
- ●醍醐寺　map.p141　5日18:30〜21:00
国宝の金堂や五重塔などのライトアップも。
- ◆京阪バス「醍醐三宝院」
- ●六波羅蜜寺　map.p98　8〜10日
灯明を"大"（人形文字）の形に灯しお迎えする習わしは、空也上人以来千年の歴史がある。
- ◆京阪「清水五条駅」
- ●三千院　map.p133　14〜15日日没〜21:30
観音堂では、献灯されたロウソク1万本の灯明を灯して、先祖の精霊を回向する。
- ◆京都バス「大原」
- ●東本願寺大谷祖廟　map.p102　14〜16日日没
約1万個の提灯が灯る。◆市バス「祇園」
- ●高台寺　map.p102　1〜18日日没〜21:30
夏の夜間特別拝観燈明会ではライトアップがされ、荘厳な美しさ。◆市バス「東山安井」

精霊送り
精霊が無事に帰れるように送る行事。「五山の送り火」や「灯籠流し」など。

嵐山灯籠流し
参加したい　16日日没〜21:00
- ●嵐山中之島公園　map.p130

渡月橋東詰から桂川に約8千の灯籠が流される。渡月橋からは五山送り火の「鳥居形」が望める。灯籠は仮設テント受付で10:00〜販売。また、桂川上流では屋形船が出、嵐山遊覧を楽しめる。この日は要予約。◆阪急「嵐山駅」

遍照寺灯籠流し
16日 19:00〜20:30
- ●遍照寺

本尊十一面観音立像と不動明王座像にちなみ、赤・白・黄・青・紫の五色の灯籠が広沢池に浮かべられる。鳥居形の送り火に合わせて灯籠が流されていくので、両方を楽しめるスポットとしても人気。灯籠受付は広沢池畔稚児神社で9:00〜。◆市バス「広沢御所ノ内町」
⌂京都市右京区嵯峨広沢西浦町14

5色灯籠が放つ光が水面に映り、とても幻想的

五山送り火（大文字焼き）

一度は見たい

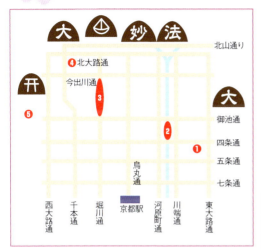

❶ ＝六道珍皇寺
❷ ＝京の七夕（鴨川会場）
❸ ＝京の七夕（堀川会場）
❹ ＝遍照寺灯籠流し
❺ ＝嵐山灯籠流し

大文字山など5山

16日 20:00～

16日の夜8時に京都市内のネオンがいっせいに消されると、東山如意ケ嶽の大の字に点火されるのを機に、松ヶ崎西山・東山の「妙・法」、西賀茂船山の「舟形」、金閣寺付近大北山の「左大文字」、嵯峨・曼荼羅山（まんだらやま）の「鳥居形」に次々と点火されていく。点灯時間は各山とも約30分で、9時前には鎮火。夜空に去りゆく夏を惜しむ。

送り火限定みやげ

多くの限定みやげが登場。一部を紹介。

「創作干菓子 送り火」「五山の三笠」（俵屋吉富）
「京の五山 無量光」（菓匠柳苑）
「山あかり」（鶴屋吉信）
「一わん味噌汁」（本田味噌）
「大文字焼き」（茨木屋）

よく見えるスポット

- 清涼寺北側（右京区）／嵯峨・曼荼羅山の鳥居形のお膝元だけに沿道に字形がそそり立ち、臨場感は充分。
- 御薗橋周辺（北区）／北西に舟形、南東方向に大文字。大文字はかなり遠方に。
- 船岡山（北区）／左大文字・船形・大文字・妙・法の5つを見ることができる眺望点。
- 今出川通りの鴨川三角州にかかる今出川大橋／大文字がよく見える。
- 丸太町通り以北の鴨川、賀茂川、高野川にかかる橋の上
- 地下鉄「松ヶ崎」駅周辺（左京区）／宝ヶ池スポーツ広場、公園球技場手前で正面に妙、北西に舟形、南東に大文字が望める。
- 高野川堤防（左京区）／松ヶ崎浄水場付近の高野川堤防。正面に妙・法、南東に大文字が見える。
- 青蓮院の飛地境内・将軍塚展望台（山科区）／妙・法、左大文字、舟形、鳥居形が見える。境内は有料。

京の七夕（旧暦） 〔大いに楽しむ〕

- 堀川会場（今出川通〜御池通）
- 鴨川会場（御池大橋〜四条大橋）

8月上旬の10日間(2014年は2〜11日)
ライトアップ19:00〜21:00

平和や地球環境をはじめ、様々な願いを全国から募り、寺院・神社に託すという、京都ならではの現代版・七夕の実現をコンセプトに2010年から開催。旧暦の七夕にあたる10日間に、堀川会場と鴨川会場で光のイベントを中心に、

鴨川での友禅流し実演や竹の光の作品など様々な催しが展開される。浴衣姿で楽しみたい。

＊その他の行事

千日詣り（特別拝観も） 9〜16日 19:00〜21:00
●清水寺　map.p101

1日で千日間参詣したのと同じだけの功徳があるという千日詣り。14〜16日の夜（19時〜21時30分）は本堂内々陣特別拝観と特別なお守り札が授与される。ちなみに千日詣りは清水寺の他に、愛宕神社（7月31日）、狸谷山不動院（7月28日）がある。◆市バス・京阪バス「五条坂」「清水道」

矢取神事（夏越神事） 6日 18:30〜
●下鴨神社　map.p126

立秋前日に行われる夏越の祭事。御手洗池の中央に立てられた50本の斎串を男たちが大歓声とともに奪い合う。斎串は開運・魔除けの吉印。池には奉納された魔除けの人形がまかれ、半年の穢れを祓う。夏越の祭事はけっこう行われるが、勇壮さで下鴨神社を超えるものはないだろう。◆市バス「下鴨神社前」

千灯供養 〔厳粛な気分に〕 23・24日 受付15:30
●化野念仏寺　map.p130

あだし野一帯に葬られた人を弔うために建立されたのが化野念仏寺。吉田兼好の「徒然草」にも「あだし野の露きゆる時なく鳥辺野の烟たちさらで」と記されている。お墓である石仏石塔にロウソクを供えてご供養する千灯供養は、明治38年から行われ、石仏石塔は約8000体。献灯により幻想的で厳かな雰囲気に包まれる。◆京都バス「鳥居本下車」

松上げ　見たい！火の祭典　15日 21:00

洛北の山村に伝わる精霊送りと五穀豊穣を願う火の祭典。
●花背の松上げ

河原に立てた約千本の松明に点火。それを高さ20mの大笠に向かって投げ火をつける。松明の火跡が雨のようで壮観。京都バス「花背交流の森前」一帯　◆自家用車か鑑賞バスで。鑑賞バス問い合わせ：京都バス
☎075-871-7521
●久多宮の町松上げ　23日20:00
●広河原松上げ　24日20:30
●雲ケ畑の松上げ　24日20:00

五条坂陶器まつり　7〜10日 21:00
●若宮八幡宮・五条坂一帯　map.p98

五条坂一帯は清水焼伝統の地で、多くの窯元、作家、小売店が軒を連ねている。お祭りの日には、京阪電車「清水五条坂駅」4番出口から東大路通りまでの五条坂に、約400の店が並び、毎年約40万人が訪れるという国内でも最大規模の陶器市。期間中は若宮八幡宮（陶烟烟器神社）の神輿巡行も行われる。陶芸家河井寛次郎の記念館も近くにある。
◆京阪「清水五条坂駅」

花笠踊り　24日直近の日曜日 20:00〜
●志古淵神社　map.p141

洛北の久多に伝わる花笠踊り。六角形の笠に和紙や自生する植物を飾った花灯籠はこの地の男性がつくり、踊るのも男性で、五穀豊穣を祈願する風流灯籠踊りの一種。◆京都バス「能見口」から8km（車でないと不便）

宇治川花火大会
●宇治市の宇治川畔・宇治公園一帯
10日前後19:30〜21:00

1960年から毎年8月10日前後に行われるな花火大会。「源氏ろまん」をテーマとした、約70種類7000発の花火が打ち上げられる。

下鴨納涼古本まつり
●下鴨神社糺の森
お盆の期間　10:00〜17:30（最終日〜16:00）

京都古書研究会が中心になり京都と他府県の古本業者参加の古本市がお盆期間中に開催される。約40店舗、80万冊が並び、古書好きにとっては三大祭りのひとつといわれる。◆市バス「糺の森」

糺の森

東山連邦を眺め、鴨川のせせらぎを耳に
おいしい料理に舌鼓！

鴨川納涼床
5月1日〜9月30日

5月1日から9月いっぱい楽しめる「鴨川納涼床」は夏の風物詩。5月は昼の床席を楽しみ、6月から8月が本床、9月は後涼みの床といわれる。納涼床といえば、鴨川のほかには貴船が有名だ。ちなみに鴨川の場合は「床」を「ゆか」と呼び、貴船の場合は「川床（かわどこ）」と呼ぶ。鴨川の床は母屋と橋や階段でつながっているが、貴船は母屋とは別に川の上に床几が置かれているからだそうだ。（掲載記事は「京都鴨川納涼床協同組合」発行パンフレット、「京ごよみ」（6月号）を参考に作成）
京都鴨川納涼床協同組合 http://www.kyoto-yuka.com/

上木屋町エリア

- がんこ 高瀬川二条苑
- 京料理 豆屋源蔵
- 割烹 露瑚
- 新三浦
- やさい家プレーコ藤吉
- さつき
- 割烹 竹島
- 幾松
- めん坊 木屋町本店
- ジェフの英語塾
- サロンドロワイヤル京都
- 京料理 梅むら
- 豆水楼 木屋町本店
- 京・鴨川懐石 櫻
- 河久
- 京の焼肉処 弘 木屋町店
- ディアマンノワール
- モリタ屋 木屋町店
- こま井亭
- スターバックスコーヒー 京都三条大橋店

鴨川の4エリア

- 上木屋町
- 先斗町
- 西石垣
- 下木屋町

昼からはしごで
時間による楽しみも
納涼床ならでは。

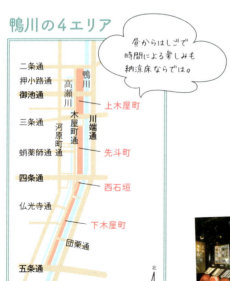

先斗町エリア

💬 旬の料理をはじめ、季節感を感じられるのが床の魅力。

三条通

鴨川

先斗町歌舞練場

- 京味和食 源氏庵
- 韓国料理 こみょん
- 先斗町 富美家
- 茜屋純心軒
- 先斗町 魯ビン
- 先斗町 禊川
- 料理屋 うしのほね本店
- 先斗町 花柳
- 石原
- みます屋 ITALIANO KYOTO
- 先斗町 和中華割烹 華めぐり
- 味がさね
- 京フレンチ きしもと
- 卯橋
- 四季 よし菜
- 大市
- 京都牛 稲吉
- 侘家 洛中亭
- 京町
- 先斗町 みます屋
- 先斗町 かっぱ寿司
- 井ふみ
- 先斗町 ことし
- 丹米
- Bar ATLANTIS
- 藤の家
- お食事処 山とみ
- ごとく庵
- すい月 先斗町店
- 佐曽羅 EAST
- 京料理 大當両
- 眺河
- Cucina itarliana LUNGAMO
- 洋風家庭料理 ふらいぱん
- 呑食べ処 のん亭
- 京イタリアンクワトロ・セゾン
- 京の居酒屋 先斗町 ぽんと
- 多から
- 欧風料理 開陽亭
- 先斗町 いづもや

交番● 四条通

西石垣エリア

四条通

西石垣通 高瀬川 木屋町通

鴨川

- 北京料理 東華菜館
- 京料理 ちもと
- 銀水
- 京料理 きた山
- SENT JAMES CLUB 本店
- メゾド ヴァン鶉亭
- Vineria t.v.b
- 四季彩 しをり
- タイ料理 バーンリムナーム
- かのこ
- まんざら亭 団栗橋

団栗通

下木屋町エリア

団栗通

仏光寺通 木屋町通 高瀬川

- スコルピオーネ吉右
- 料亭 鳥彌三
- イカリヤ食堂
- 菫
- 京料理 あと村 本店
- モダン割烹 月彩
- 京都鴨川倶楽部
- きた村 もち料理
- アモーレ木屋町
- 雪月花
- 本家たん熊
- 鳥初鴨川
- 栄家
- 鴨川畔 佐々木
- とみ家
- 佛沙羅館
- Restaurant bar KAWA CAFÉ
- 仙鶴
- 田鶴
- FUNATSURU KYOTO KAMOGAWA RESORT
- 花の戸

高辻通
松原通

鴨川

- ヒューリ カモガワテラス
- 料理旅館鶴清

五条通

9 長月 September 1~30

8
- 名月管弦祭／下鴨神社 ● 名月祭／北野天満宮 ● 名月祭／平野神社
- へちま加持／赤山禅院 ● 大楠祭／新熊野神社

1

9
- 重陽の節会／虚空蔵法輪寺 ● 重陽神事と烏相撲／上賀茂神社
- 重陽祭／車折神社 ● 菊花神事／貴船神社
- 重陽の節会／西陣 冨田屋（～10/9）

2

10

3

11

4

12
- 秋の夜の観月茶会／高台寺（～28日金土日）

5

13

6

14
- 御田刈祭／大野原神社 ● 御鎮座記念祭／平野神社

7

15
- 石清水祭／石清水八幡宮 ● 放生会／本能寺 ● 義経祭／鞍馬寺

● 観月会／神泉苑 ● 八朔祭／松尾大社

秋分の日 ● 晴明祭　晴明神社

その他
上旬 ● 観月の夕べ　大覚寺
上旬 ● 賀茂観月祭　上賀茂神社
第3土／日曜 ● 萩まつり　梨の木神社

16

17

18
●豊国神社例祭／豊国神社

19

20

21
●大般若経会／養源院 ●弘法市／東寺

22
●お彼岸法要／即成院 ●櫛祭／安井金比羅宮
●上京薪能／白峯神社

23
●御香宮神能／御香宮神社

24

25

26

27

28
●煎茶献茶祭／平安神宮

29

30

下旬 ●萩まつり　霊山観音

9月

67

September 9 長月

keyword
- 重陽の節句
- 中秋の名月
- 秋の特別公開

※重陽(ちょうよう)の節句

五節句のひとつ重陽の節句には、不老長寿の薬効があるとされる菊の香を移した酒を飲み、長寿を願うという中国から伝来した風習があり、京都の寺社でも節会が行われる。

子ども達による奉納相撲

重陽の節会(せちえ)　一度は見たい　9日 13:00～
●虚空蔵法輪寺(こくぞうほうりんじ)　map.p130

五節句のひとつ重陽の節句には、菊の香を移した酒を飲み長寿を願うという中国から伝来した風習がある。本堂には、菊の雫を飲み800歳の長寿を得たとされる菊慈童像が安置され、菊を供えて長寿を祈願。当日は菊酒がふるまわれ、「枕慈童」の舞が奉納され(13時)、邪気を払うとされる茱萸のお守りも販売される。◆阪急線「嵐山駅」

［その他の重陽節句］
- ●重陽祭　車折神社　9日13:00～
- ●菊花神事　貴船神社　9日11:00～

※花を愛でる

萩まつり　第3土・日曜 10:00～
●梨木(なしのき)神社　map.p119

京都御所の東側に位置し、萩の名所として知られる神社。境内には1万本の萩が植えられ、赤や白の萩が咲き誇る。祭典では献句の短冊や虫籠を添えて供され、拝殿では奉納行事の舞楽や狂言が行われる。◆京阪鴨東線「丸太町駅」・「出町柳駅」

霊山観音(りょうぜんかんのん)　map.p102　下旬 11:00～15:00

霊山観音は高台寺境内にあり、高さ24mの大観音尊像のもとで萩まつりが行われる。料金2000円(2014年)(お守り・福引・食事・高台寺拝観券)◆市バス「東山安井」

重陽神事と烏(やたがらす)相撲　9日 10:00～
●上賀茂神社　map.p127

重陽神事に続き、八咫烏の故事にちなむという烏相撲が奉納され、菊酒が振舞われる。9月初旬には境内はピンク・白の萩に彩られる。◆市バス「上賀茂神社前」

※ その他の行事

石清水祭（いわしみず）
15日 深夜2:00〜

●石清水八幡宮　map.p141

清和天皇の御世（863年）に行われた「石清水放生祭」が始まり。天皇の使者が派遣される勅祭で、葵祭、春日祭とともに日本三大勅祭のひとつ。深夜2時より儀式が始まり、平安時代の天皇行列を再現した約500人の行列は、王朝絵巻の雅を彷彿させる。

2時：神職参進　3時：御本殿御発輦
5時30分：奉幣祭　8時〜放生行事、舞楽奉納
17時〜：還幸祭　20時：御本殿着御
◆京阪本線「八幡市駅」からケーブル

石清水祭

晴明祭（せいめい）
秋分の日 10:00〜

●晴明神社　map.p118

晴明神社は安倍晴明（あべのせいめい）邸跡に創建。晴明祭は西陣の氏子たちにより盛大に行われ、鼓笛隊を先頭に菊鉾、扇鉾、稚児、飾馬などが界隈を勇壮に練り歩く。◆市バス「一条戻り橋」

観月（中秋の名月）

空気が澄み月がきれいに見える旧暦8月15日を中秋の名月といい、この近辺の日に、京都の各寺社では観月の様々な催しが行われる。

[9月]

観月の夕べ　大覚寺・大沢池
上旬17:00〜（受付15:00〜）
大沢の池は、奈良興福寺の猿沢の池、大津の石山寺とともに三大名月鑑賞の地として知られている。当日は夕方に観月船が浮かべられ、大沢の池をゆっくりと周遊し、月を愛でる（有料）。池畔には茶席が設けられる。◆市バス「大覚寺」

賀茂観月祭　上賀茂神社　上旬17:30〜
月見団子、濁り酒の接待あり（限定）。◆市バス「上賀茂神社前」

名月管弦祭　下鴨神社　8日17:30〜
下鴨古楽会主催で古式にのっとり行われる。茶席も出る（予定）。◆市バス「下鴨神社前」

大沢池

名月祭（芋名月）北野天満宮　8日16:00〜
ずいきや里芋などを供えて名月を鑑賞することから別名「芋名月」といわれる。
◆市バス「北野天満宮前」

名月祭　平野神社　8日18:30〜
民謡、舞踊、雅楽の演奏が奉納され抹茶の接待も（有料）。◆市バス「衣笠校前」

観月会　神泉苑　7日18:00〜
船上名月鑑賞（有料・人数制限）、奉納演奏、庭園特別公開。◆地下鉄東西線「二条城前」

京都ならではの秋の特別イベント

9〜11月

＊日時・料金は2014年。変更されることもある。

市民大茶会

[茶会]

京都の文化を代表する茶道や煎茶道。その文化を体験できる茶会が行われるのも京都ならでは。一般の人も参加できる茶会を紹介。

煎茶献茶祭
9月28日 9:00（受付）〜15:00
●平安神宮　map.p116
京都煎茶会家元会によるお点前献茶。祭儀後、茶席開催。茶席券2000円（2席付）
◆市バス「岡崎公園美術館・平安神宮前」

月見の煎茶会
10月第一土曜
●萬福寺
煎茶8流派の茶会。茶室、伽藍、方丈、野点にいたるまで多彩な演出がされる。茶券3500円（3席・入山券付　当日券は限定）
◆JR奈良線「黄檗」住宇治市五ヶ庄三番割34　◆問合わせ：全日本煎茶道連盟
☎0774-32-1368

北野政所茶会
10月6日
●高台寺　map.p102
北政所をしのんでの茶会。月命日の6日に毎年開かれる。茶席代11000円（5茶席・点心席）。◆市バス「東山安井」

市民大茶会
10月25日、11月1・3日 9:30〜
●二条城　map.p118
裏千家、表千家、藪内家が日替わりでおもてなし。二条城のお庭を拝見しながら日本の伝統文化に浸る。P81参照

[能・狂言]

昼間は京の町の散策を、夕方からは能・狂言の舞台を観て京文化にふれては。

上京薪能
9月22日 16:00〜
●白峯神宮　map.p118
市民の薪能として「上京の秋の風物詩」となっている。かがり火に照らされた境内の能舞台で、2部構成で仕舞、能、狂言などが演じられる。料金2000円（前売券1500円）
※雨天時は金剛能楽堂。
◆市バス「堀川今出川」

御香宮神能
9月23日 17:00〜
●御香宮神社　map.p135
豊臣秀吉が伏見城の守り神とした御香宮神社。境内から良い香の水が出たことからこの名がついたとか。境内の能舞台で能、狂言、仕舞などが行われる。歴史も古く、親しまれている。料金3500円（前売券3000円）。
◆近鉄京都線「桃山御陵前駅」

[秋のをどり]

京の秋を彩る踊りの会が各地区で催される。

祇園甲部「温習会」 10月1～6日 16:00～
● 祇園甲部歌舞練場

井上流の舞を上方唄や長唄で披露。舞のおけいこで1年の総仕上げの発表会。料金指定席8000円、自由席4000円 ◆市バス「祇園」

上七軒「寿会」 10月8～12日 16:00～（土曜のみ13:00開演あり）
● 上七軒歌舞練場

伝統ある名曲で舞う味わい深さが受け継がれている。料金8000円 ◆市バス「上七軒」

宮川町「みずゑ會」 10月9～12日 16:00～
● 宮川町歌舞練場

演目は古典を中心に選び、熟練の技が光る舞台は好評。料金1等席8000円、2等席4000円 ◆市バス「四条京阪前」

先斗町「水明会」 10月16～19日 16:00～
● 先斗町歌舞練場

先斗町の芸妓による発表会で、歴史も古く格式も高い。指定席7000円・8000円、自由席3000円 ◆市バス「河原町三条」

祇園をどり 11月1～10日 1日2回公演
● 祇園会館

祇園の芸妓・舞子が艶やかで、磨かれた技芸を披露する舞台は毎年人気を博す。観覧券4000円、お茶席500円 ◆市バス「祇園」

茶に親しむ美術館

茶の湯が盛んな京都。茶会体験とともに茶の湯に縁の深い美術館を訪ねては？

樂美術館

千家十職の樂家歴代の陶芸作品を展示。樂焼は千利休の侘茶の思想を、樂家始祖・長次郎が茶の湯のための茶碗に表したのが始まり。黒樂・赤樂の茶碗は特に有名。◆10:00～16:30（入館は～16:00）月曜休（祝日の場合は翌日）◆市バス「堀川中立売」

大西清右衛門美術館

千家十職の釜師・大西家に400年にわたって伝わる名品を展示。茶の湯釜の伝統と技にふれる美術館。◆10:00～16:30（入館は16:00）月曜休 ◆地下鉄烏丸線「烏丸御池」

古田織部美術館

千利休亡き後「天下一」と称された武将茶人・古田織部の美術館。400回忌を記念して2014年に鷹峯の太閤山荘内に開館。古田織部ゆかりの茶道具を中心に展示。◆9:30～18:00（入館は～17:30）休はなし ◆市バス「釈迦谷口」

北村美術館

実業家で茶人であった北村謹次郎氏のコレクションを展示。隣接する茶室も特別公開される。◆3～6月・9～12月開館 月曜休 10:00～16:00 ◆市バス「河原町今出川」

10 神無月 October 1~31

1
● ずいき祭／北野天満宮（〜5日） ● 献茶祭／宇治神社

2

3

4
● 神幸祭／御香宮神社（〜12日）

5
● 高盛御供／北白川天神宮 ● 名水汲上式／宇治神社
● 宇治茶まつり／興聖寺ほか ● 観月祭／松尾大社

6
● 名月祭（豆名月）／北野天満宮 ● 北政所茶会／高台寺

7

8

9
● 繁盛大国秋祭／下鴨神社

10

11
● 春日祭／西院春日神社（〜12日） ● 観月祭／白峯神宮（予定）

12
● 赦免地踊り／秋元神社 ● 今様歌合せの会／法住寺

13

14
● 引声阿弥陀経会／真如堂（〜16日） ● 人形供養祭／宝鏡寺

15
● 人形供養祭／虚空蔵法輪寺

その他
第一土曜 ● 月見の煎茶会／萬福寺
上旬 ● 紫式部祭／平野神社
体育の日を含む3連休 ● 壬生狂言／壬生神社
体育の日と前々日、前日と15日 ● 粟田祭／粟田神社
第3日曜日 ● 二十五菩薩お練り供養／泉涌寺即成院
12日頃 ● 三栖の炬火祭／三栖神社

16	24
17 ●清水焼の郷まつり大陶器市／山科清水焼団地（〜19日）	25 ●市民大茶会／二条城
18	26
19 ●斎宮行列／野宮神社 ●城南祭／城南宮	27
20	28
21 ●時代祭前日祭／平安神宮	29 ●余香祭／北野天満宮
22 ●時代祭巡行（雨天順延）／平安神宮 ●鞍馬の火祭／由岐神社	30
23	31

10月

October 10 神無月

keyword
- 時代祭
- 収穫を感謝する秋祭

鞍馬の火祭 一度は見たい
22日 18:00〜00:30
●由岐神社　map.p134

京都三大奇祭のひとつ。940年に由岐明神を御所から鞍馬の地に勧請した際の松明の行列にちなむ。「神事にまいらっしゃれ」の合図で各家に篝火が灯され、火の粉を撒きながら無数の松明が山門に向かうさまは壮観そのもの。午後8時頃に松明は山門に集まり、燃え盛る炎が闇に向かって噴き上がり、祭りはいよいよクライマックスに。この後、神輿渡御、神楽松点火などが続き、祭りが終わるのは午前0時過ぎ。それでも興奮冷めやらずだ。
由岐神社では9月1日からテレホンサービスで火祭の案内を行っている。☎075-741-4511◆叡電鞍馬線「鞍馬駅」

「サイレイヤ、サイリョウ(祭礼、祭礼)」の掛け声とともに、火はひときわ大きくなり、興奮は最高潮に

三栖の炬火祭
12日頃 18:00〜00:30
●三栖神社

直径1mもある松明を燃やしながら練り歩く炬火祭。「のちに天武天皇となった大海人皇子が、天智天皇の子・大友皇子と戦った壬申(じんしん)の乱で、援軍が三栖を通過した時、かがり火を焚いて村人が歓迎した」などの伝説に由来する。三栖周辺の特産品・ヨシで作った松明で、中書島から京橋までの竹田街道を巡行する。◆市バス「下三栖」伏見区横大路下三栖城ノ前町82

ずいき(瑞饋)祭
1〜5日
●北野天満宮　map.p120

五穀豊穣を願う祭り。5日間にわたっていくつかの祭典が行われるが、見どころは1日・4日の神幸祭・還幸祭で巡行する瑞饋神輿。瑞饋神輿は瑞饋で屋根を葺き、かぼちゃや唐辛子などの野菜・穀物などで飾った珍しい神輿。野菜などは祭り後に氏子たち関係者に供物として配られる。◆市バス「北野天満宮」

粟田祭（あわたまつり）
体育の日と前々日、前日と**15**日
9:00～15:00
●粟田神社　map.p114

千年以上の歴史を持つ粟田神社最大の神事。見どころは、長さ約8mの剣鉾を、独特の歩行方法で操りながら町内を巡るさま。剣鉾は悪霊を鎮める祭具で、祇園祭の山鉾の原型ともいわれる。夜には阿古陀鉾、地蔵鉾による夜渡りがあるなど、4日間にわたり神事が続く。◆地下鉄東西線「東山駅」

神幸祭（伏見祭）（しんこうさい）
洛南随一の祭り
4～12日
●御香宮神社　map.p135

全国に約3万ある稲荷神社の総本宮。全国から崇敬者が参拝する大祭で、奉納される約8000個の提灯が境内各所に飾られ、幽玄な光景が繰り広げられる。宵宮祭と本宮祭があり、どちらも夕方からは本宮踊りが奉納される。◆近鉄京都線「桃山御陵前駅」

斎宮行列（さいぐう）
19日
12:00～
●野宮神社　map.p130

斎王が都から伊勢の斎宮へと向かう「斎王群行」は、斎王以下官人や女官など合わせて数百人にも及び、斎宮に到着するまで6日もかかったとか。華やかな装束に身を包んだ「斎王群行」。嵐山で往時の夢を再現。

［巡行］野宮神社12:00→JR嵯峨嵐山駅→天龍寺→渡月橋→嵐山通船北乗船場14:00
◆嵯峨野観光鉄道トロッコ列車「トロッコ嵐山駅」

二十五菩薩お練り供養
第**3**日曜日
●泉涌寺即成院（そくじょういん）　map.p96

同院の本尊・阿弥陀如来が二十五菩薩とともに極楽浄土から来迎し、衆生を救い、浄土に導くさまを仮装と音楽で表した法会。本堂へと架けられた約50mの来迎橋を、煌びやかな装束に身を包んだ菩薩様たちが練り歩く。即成院は源平盛衰記でおなじみの那須与一ゆかりの寺。◆市バス「泉涌寺道」

斎王とは？
斎王とは天皇が新たに即位するごとに、天照大神の御杖代（神や天皇の杖代わりに奉仕する）として伊勢神宮に遣わされた、未婚の内親王もしくは女王のこと。この歴史は飛鳥時代の天武天皇の頃には、すでに確立されていたという。

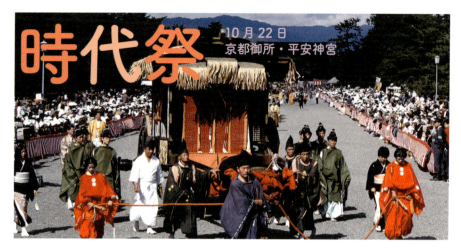

時代祭は京都三大祭（葵祭・祇園祭）のひとつで、平安遷都1100年を記念して明治28年に始まった。延暦13年（794年）の京都遷都にちなんで10月22に行われる。京都の誕生日ともいえる。

平安時代から東京に遷都されるまでの1000年にわたる各時代の衣裳をまとった行列が、京都御所から平安神宮まで練り歩くさまはまさに時代絵巻。平安京最初の天皇・桓武天皇と、平安京最後の天皇・孝明天皇に京都の繁栄をご覧いただくための神幸列に、8つの時代を表現する行列がお供するというのが本来の姿。約2000人と牛や馬が加わり、約2時間におよぶ祭列だ。

当日の必携アイテム

行列の主人公や時代背景を知って見るとより楽しめる。そのための手引書としておすすめは平安神宮で作った「時代祭パンフレット」800円。行列の衣裳、時代背景、行列の順番などが詳しく載っている。当日は沿道でも販売される。
また、衣裳の細部にわたる伝統技術の粋を鑑賞するには双眼鏡の持参をおすすめ。

[見るポイント・スポット]

時代考証を重ねて作られた衣裳

約12000点に及ぶ調度、衣裳、祭具は綿密な時代考証に基づき、素材や染色なども当時のものに近い形で再現され、それは下帯1本までに及ぶ。中でも各時代の身分の高い人の衣裳は要チェック。豊臣秀吉の正室ねねや巴御前などの衣裳は手描き友禅や金襴など、京都を代表する技術の粋を集めて再現されている。見るのに一番のスポットは、京都御苑と平安神宮周辺。ただ、有料の観覧席が前列を占めている。東大路三条は比較的人が少なく、道幅も広くないので近くで行列が見られる。

22日（順延23日）のスケジュール

▶9:00　神幸祭　桓武天皇・孝明天皇のご神霊を2基の御鳳輦（ほうれん）に移し、京都御所まで神幸列。

▶12:00　時代行列が京都御所建礼門前を出発。

▶14:00　2時頃には平安神宮に到着。奉祝踊りを披露。

▶16:00　御鳳輦を大極殿へ奉安。御霊代を御鳳輦より本殿に還す。

時代行列

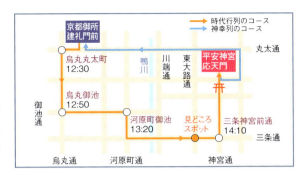

京都御所を出発して平安神宮まで全行程約4km、先頭から後尾まで全長約2kmの行列。行列は新しい時代の明治維新から古い時代に遡り延暦寺代に至る。最後は神幸列、弓箭列で終わる。

❶ **名誉奉行列**
　◆京都府知事、京都市長など
❷ **明治維新時代列**
　◆維新勤王隊列：官軍に参加した丹波山国村の勤王隊
　◆幕末志士列と七卿落列：西郷隆盛や坂本龍馬ら明治維新の基礎を築いた武士と、
　　　　　　　　　　　　幕末に天皇を動かそうとした7人の公卿も列に。
❸ **江戸時代列**
　◆徳川城使上洛列：皇室に礼をつくして、大礼や年始には城使を上洛させた。その行列を再現。
　◆江戸時代婦人列：十二単衣の和宮や吉野太夫、出雲阿国など。
❹ **安土桃山時代列**
　◆豊公参朝列：豊臣秀頼初参内などの再現。
　◆織田公上洛列：織田信長がお召しに応じて上洛したときの列。
❺ **室町時代列**
　◆室町幕府執政列：足利将軍を中心とする武家風俗がわかる。
　◆室町洛中風俗列：京の町衆に流行した風流踊りを再現。
❻ **吉野時代列**
　◆楠公上洛列：後醍醐天皇が隠岐から還幸する際、尽力した楠正成一族の行列。
　◆中世婦人列：淀君、静御前、大原女など。特徴ある時代の風俗を表現。
❼ **鎌倉時代列**
　◆城南流鏑馬：後鳥羽天皇は朝威回復をはかり、
　　　　　　　近畿十余国から武士を招へいして城南離宮で流鏑馬を行う。
❽ **藤原時代列**
　◆藤原公卿参朝列：平安中期以降の藤原氏の文武両様の姿。
　◆平安時代婦人列：騎乗の巴御前、紫式部、清少納言ら。
❾ **延暦時代列**
　◆延暦武官行進列：征夷大将軍坂上田村麻呂の行列。
　◆延暦文官参朝列：朝廷に参内する朝服の文官。
❿ **神幸列**
　◆神饌講社列：当日の神饌物を奉献する役の者たちの列。
　◆前列：神幸列に前行する雅楽の伶人などの列。
　◆神幸列：御榊を先頭に神鳳輦を中心とする神幸の本列。
　◆白川女献花列：神に供える花を頭にのせた白川女の列。
　◆弓箭組列：神幸列を護衛

維新勤王隊列。時代祭の先頭を務める

11 霜月 November 1〜30

1
- 亥子祭／護王神社（1〜30日） ● 秋の人形展／宝鏡寺（〜30日）
- 嵯峨菊展／大覚寺（〜30日） ● 市民大茶会／二条城（・3日）

2

3
- 曲水の宴／城南宮 ● 秋まつり／狸谷山不動院

4
- 上卯祭（醸造祈願祭）／松尾大社

5
- 献茶祭／縣神社 ● 十日十夜別時念仏会／真如堂（〜15日）

6

7
- 御火焚祭／貴船神社

8
- 火焚祭／伏見稲荷大社 ● 御献茶／高山寺

9
- 嵐山もみじ祭／嵐山渡月橋上流 ● 火焚祭／花山稲荷神社

10

11

12

13
- うるし祭／虚空蔵法輪寺 ● 秋季大祭／市比売神社

14
- 火焚祭／新日吉神社

15
- 法住寺大護摩供／法住寺 ● お火焚／東寺
- 御火焚祭／御香宮神社

その他
第2日曜日 ● 夕霧供養　清凉寺

16
- お火焚祭／恵比寿神社

17

18

19

20
- 火焚祭／城南宮

21
- 開山忌／一休寺

22
- 聖徳太子御火焚祭／広隆寺

23
- 筆供養／正覚庵　●火焚祭／車折神社　●もみじ祭／地主神社
- 数珠供養／赤山禅院

24

25

26
- 御茶壺奉献祭／北野天満宮

27

28
- お火焚／下鴨神社

29

30

11月

November 11 霜月

keyword
- お火焚き
- 茶の祭事

亥子祭
●護王神社　map.p119
1日 15:00〜

平安時代に宮中で行われていた「御玄猪」の儀式に由来。旧暦10月の亥の日に餅を食べると病にかからないという信仰によるもの。束帯姿の式司が無病息災を祈って、胡麻・小豆・栗の粉をつく所作をする。儀式後、提灯行列を伴い、餅を御所に献上する。
大小多数の提灯や庭燎に移し出される神事は、幽玄典雅な世界。王朝絵巻が繰り広げられているような錯覚にとらわれる。女房たちの衣裳も見どころ。亥子餅の接待もある。
◆地下鉄烏丸線「丸太町駅」

曲水の宴
●城南宮　map.p140
3日 14:00〜

境内に広がる楽水苑には四季折々の草花が咲き、春と秋の2回行われる「曲水の宴」は王朝の雅を伝える行事として名高い。白拍子の舞が奉納されると、宴の開始。琴の調べのなか、平安時代の衣裳に身を包んだ歌人は、お題にちなんだ和歌を詠む。◆市バス「城南宮」

筆供養
●正覚庵（東福寺塔頭）　map.p96
23日 13:00〜

江戸時代に、使い古した筆に感謝して「筆塚」が築かれたことから、「筆の寺」として親しまれている。青竹製の「筆神輿」を童子が担ぎ、山伏や稚児と東福寺境内を練り歩き、その後、筆塚の前で護摩が焚かれ、筆神輿とともに、奉納された筆記具がくべられ供養される。◆京阪「鳥羽街道駅」

嵐山もみじ祭り
●嵐山渡月橋上流一帯　map.p130
9日 10:30〜 13:30〜

嵐山小倉山一帯の紅葉の美しさを称え、守護神である蔵王権現に感謝する祭り。当日は10隻余の船が大堰川を渡り、船上では芸能が披露される。◆嵐電「嵐山駅」

火焚祭(ひたきさい)

洛北の山村に伝わる精霊送りと五穀豊穣を願う火の祭典。

伏見稲荷大社

火焚祭(ひたきさい)
●伏見稲荷大社　map.p97　　**8日 13:00〜**

午後1時からの本殿の祭典に引き続き、神苑斎場で全国の崇敬者から奉納された「火焚串」十数万本を焚き上げ、罪障消滅・万福招来・家業繁栄を祈る。

御火焚祭(おひたきさい)
●貴船神社　map.p134　　**7日 11:00〜**

水神が燃える火の中から現れたという故事にちなんで、再現する「御火焚祭」。罪を祓い清める意味もあり、献火の儀式では神職がおこした斎火を神前に奉る。

「茶」に関する祭事や茶会

11月は茶道では大切な口切の儀式が行われる月。ゆかりの寺社では儀式や茶会が催される。

御献茶(おけんちゃ)
●高山寺　map.p87
8日

高山寺には「日本最古之茶園」が今も残り、京の茶発祥の地といわれ、京の茶業家が新茶を御廟に供えるのが「御献茶」。開山堂の特別拝観もある。

献茶祭
●縣神社(あがたじんじゃ)　map.p136
5日

宇治の縣神社で行われる、宇治茶の恵みに感謝をする祭事。口切式の儀式が行われ、茶道籔内流家元が献茶。その後、家元による副席が茶室「棠庵」などで催され、神前から撒下された極上の濃茶、薄茶が振るまわれる。

御茶壺奉献奉告祭・口切式(おちゃつぼほうけんほうこくさい)
●北野天満宮　map.p120
26日

1587年10月1日豊臣秀吉が催した北野大茶湯ゆかりの「献茶祭（12月1日）」に使用する碾茶（抹茶の原料）を神前に奉献。古式にのっとった御茶壺行列が本殿到着後、御茶壺奉献祭を行い、続いて茶壺の口切式が神前にて行われる。400年続く祭事だ。

市民大茶会　**是非!**
●二条城　map.p118
10月最終日曜、11月1日・3日

誰でも参加できる市民大茶会。二条城の紅葉を満喫しながらの茶会は毎年人気だ。裏千家、表千家、薮内家の各流派が3日間、日替わりでもてなす。9.30〜15:00（受付終了）当日は二の丸御殿、狩野派の襖絵を鑑賞できる。
ちなみに茶会参加の際は、茶席用扇子、懐紙、菓子切りは持参したほうがいい。

幻想的な秋の京都

紅葉をめでる

紅葉が美しい社寺が多いのも、
京都のうれしい特長。
紅葉は妖艶で幻想的な美しさが魅力だ。
さあ、そんな紅葉の京都をご案内しよう。

東山コース　清水寺→高台寺→知恩院→青蓮院門跡

幻想的な美しさで魅了される夜の紅葉。
充分に堪能させてくれるのが東山コースだ

清水寺
きよみずでら
 みごろ　11月中旬〜12月上旬
map.p101

清水の舞台の下は、錦雲渓と呼ばれ、約1000本のモミジが色づく。夜ともなると、各種照明やレーザー光線で照らし出され、秋の夜空に浮かび上がる、幻想的な世界が眼前に広がる。

▶紅葉ポイント　[ライトアップあり]
子安塔からは本堂などが紅葉の間に浮かび上がるような景色がのぞめる。

清水寺

高台寺
こうだいじ
みごろ　11月中旬〜12月上旬
map.p102

小堀遠州作といわれる庭園。紅葉では庭園のいたるとこが色づき、散策していると紅葉に包まれている錯覚をいだく。

▶紅葉ポイント　[ライトアップあり]
池の水面に映る紅葉は、黄金の鏡のように幽玄でゴージャス。

知恩院
ちおんいん
みごろ　11月中旬〜12月上旬
map.p105

知恩院境内でも、特に紅葉の名所といわれるのは「黒門坂」。ライトアップはこの黒門坂、友禅苑、阿弥陀堂などで行われる（年により変わる）。

▶紅葉ポイント　[ライトアップあり]
友禅苑にある補陀落池周辺。高村光太郎作「聖観音菩薩立像」とともに水面に映る紅葉の美しさは見事。

青蓮院門跡
しょうれんいんもんぜき
みごろ　11月中旬〜12月上旬
map.p105

相阿弥作の池泉回遊式庭園や霧島の庭などが光の中に浮かび上がる様や、池に映る紅葉の景色、どちらを向いてもため息がでる美しさ。300もの照明器具によりライトアップされる。

▶紅葉ポイント　[ライトアップあり]
杉苔の緑と紅葉の赤が織りなす眺めは最高。

青蓮院門跡

哲学の道コース

南禅寺→永観堂→法然院→真如堂

紅葉スポットがいい間隔で現れるので、人混みにもまれることがないのが、このコースのいい点だ

南禅寺
なんぜんじ
map.p114

🍁 みごろ　11月中旬〜12月上旬

京都三大門のひとつで重要文化財に指定されている三門は、石川五右衛門の歌舞伎の台詞「絶景かな、絶景かな」でよく知られれいるが、三門の紅葉を見ると、自然に口をついてでてしまう。水路閣付近の紅葉も絵になる。

▶紅葉ポイント　[ライトアップあり]
人の少ない早朝がおすすめ。

南禅寺

永観堂
えいかんどう
map.p114

🍁 みごろ　11月中旬〜12月上旬

「おく山の岩がき紅葉散りぬべし、照る日の光、見る時なくて」と古今和歌集でも「モミジの永観堂」と詠まれるほど、京都でも名所。晩秋は全山が錦に染まる。

▶紅葉ポイント　[ライトアップあり]
山の中腹にある多宝塔を紅葉が包む眺めは見事。

法然院

永観堂

法然院
ほうねんいん
map.p114

🍁 みごろ　11月下旬

萱葺の山門が古都の風情を醸し出す法然院。参道沿いの紅葉が目を愉しませ、山門をくぐると両脇に白砂を盛った白砂壇があり、その上に散るモミジが趣ある風景を見せてくれる。

▶紅葉ポイント　[ライトアップあり]
山門にかかるモミジの赤・黄色と杉苔の緑のコントラストが美しい。

真如堂
しんにょどう
map.p114

🍁 みごろ　11月中旬〜12月上旬

吉田山に位置する真如堂の秋は、モミジやカエデの赤、銀杏の黄金色と秋色に包まれる。一面が真っ赤な絨毯となる、落葉の時期も見逃せない。

▶紅葉ポイント
三重塔周辺はどの角度からも絵になるが、特にモミジ越しに見上げる三重塔は絶景。

真如堂

庭園レストラン「料亭 八千代」

南禅寺の参道にある八千代では、枯山水庭園の紅葉を眺めながら、南禅寺名物の湯豆腐や懐石料理をいただける。
☎075-771-4148

嵯峨・嵐山コース

天龍寺→野宮神社→常寂光寺→落柿舎→宝筐院→清涼寺→祇王寺

秋の嵯峨野は紅葉スポットの宝庫。
それだけに絞りこんで回ることをおすすめ

天龍寺
てんりゅうじ
みごろ 11月中旬〜下旬
map.p130

嵐山を借景とした夢想国師作の曹源池庭園の景観は見事。特に紅葉シーズンは絵画のように艶やかだ。ちなみに、曹源池庭園は日本で初めて史跡・特別名勝に指定され、回遊式庭園としては最も古い遺構。

▶紅葉ポイント
曹源池をぐるりと囲む紅葉が、水面に映る景観には心奪われる。

天龍寺

> 天龍寺から野宮神社に至るところにある「竹林の小径」も素敵。京都らしい風情。

野宮神社
ののみやじんじゃ
みごろ 11月中旬〜下旬
map.p130

芭蕉や蕪村が俳句に詠み、『源氏物語』にも登場する、縁結びの神様としても人気の神社。鞍馬山に囲まれ、グラデーションの紅葉が神社を包む。

常寂光寺
じょうじゃっこうじ
みごろ 11月中旬〜下旬
map.p130

「小倉百人一首」が誕生した小倉山の中腹に佇む常寂光寺は、京都屈指の紅葉の名所で、散りモミジの美しさでも知られる。

▶紅葉ポイント
山門、萱葺きの仁王門、本堂へと続く石段は紅葉のトンネル。赤や黄色のコントラストの美しさに目を奪われる。

野宮神社

落柿舎
らくししゃ
みごろ 11月中旬〜12月上旬
map.p130

松尾芭蕉の門人・向井去来の閑居跡。再建されたものだが、当時の面影をとどめ、他の寺社の紅葉とは趣を異にした風情がいい。垣根から顔を出す、色づいたモミジと熟れた柿、これだけでしみじみと秋が伝わる。

常寂光寺

落柿舎

宝筐院
ほうきょういん

 みごろ ── 11月中旬〜12月上旬

map.p130

京都屈指の紅葉の名所。境内を貫く参道は紅葉のトンネルとなり、奥にある枯山水の庭園は白砂と青苔の上に散ったモミジの風情に、心奪われる。

▶紅葉ポイント
本堂に座って、堂前の紅葉を眺める。

宝筐院

清凉寺
せいりょうじ

みごろ ── 11月中旬〜12月上旬

map.p130

『源氏物語』の主人公・源融の別荘跡に建立されたことでも知られる清凉寺。放生池の小島に立つ弁天堂と忠霊塔の周辺にあるカエデは、嵯峨野では一番早く紅葉を楽しめる。

▶紅葉ポイント
本堂からはまわりの喧噪が嘘のように、庭の紅葉を静かに堪能できる。

宝筐院

清凉寺

祇王寺
ぎおうじ

みごろ ── 11月中旬〜下旬

map.p130

平清盛の寵愛を失った白拍子が出家した寺。紅葉した木々の間から見え隠れする寺の眺めは祇王寺ならでは。

▶紅葉ポイント
杉苔の上に舞い落ち、赤く染める光景は息をのむほどにあでやかだ。

祇王寺

祇王寺の近くにある「滝口寺」も紅葉の穴場スポット。

嵯峨野トロッコ列車

トロッコ嵯峨野駅とトロッコ亀岡駅間を、片道約25分かけて走る列車からは、紅葉の山々を間近で堪能できる。シーズン中は多くの観光客が訪れるので、平日の朝をおすすめ。

大原コース

三千院→実光院→宝泉院→寂光院

「里の秋」の情景はまるで「日本画のよう」、という形容がぴったりだ

三千院
さんぜんいん
みごろ 11月中旬～下旬
map.p133

境内には、江戸時代の茶人・金森宗和の作庭といわれる聚碧園、一面の苔が見事な有清園という美しい庭園が広がる。有清園の青苔と山モミジが織りなす風景は見逃せない。

▶紅葉ポイント
宸殿紅の間からの眺め。手前の杉木立、奥の赤く燃えるカエデ、さらに奥の往生極楽院の佇まいは日本画のよう

三千院

実光院
じっこういん
みごろ 11月中旬～下旬
map.p133

紅葉と桜というありえない競演を見ることができる。初秋から春まで咲き続ける桜「不断桜」が紅葉時期に満開になるからだ。2つの庭園には四季折々の茶花が植えられ、こちらも忘れずに。

▶紅葉ポイント
紅葉の赤、黄色、木々の緑、そして桜のピンクと、色の競演もここならではのお楽しみ。

宝泉院

宝泉院
ほうせんいん
みごろ 11月中旬～下旬
map.p133

境内の庭園、盤桓園は「額縁庭園」と称され、紅葉を一枚の絵として鑑賞できる。柱や鴨居、敷居を額縁に見立て、その中に庭園をはめこむといった凝った演出だ。「盤桓」とは「立ち去りがたい」という意味とか。抹茶をいただきながら眺めていると、時の経つのを忘れてしまう。

▶紅葉ポイント　[ライトアップあり]
夜間拝観で見る紅葉の絵は、昼間とは違って幻想的に映る。

実光院

寂光院
じゃっこういん
みごろ 11月中旬～下旬
map.p133

『平家物語』にも登場する名高い尼寺。山門へ続く石段沿いには、モミジが連なり、赤や黄色のハーモニーを奏でる。境内の苔庭の緑と、そこに落ちる色鮮やかなモミジが織りなす風情を堪能。

▶紅葉ポイント
赤一色でなく、黄色と緑とのハーモニーがいい。

寂光院

寂光院

貴船・鞍馬コース

貴船→鞍馬

鞍馬はライトアップされないが、貴船神社・叡山電車はライトアップが目玉。選択が必要なコースだ

貴船神社
きふねじんじゃ
map.p134

🍁 みごろ 11月中旬～下旬

灯籠が並ぶ参道や石段のモミジ、本宮、奥宮、結社のモミジもライトアップされ、その眺めは京の奥座敷といわれるこの地ならではの眺め。

▶紅葉ポイント
[ライトアップあり]
料理旅館街にも灯籠が並び、優しい光に包まれる。

貴船神社

鞍馬寺
くらまでら
map.p134

🍁 みごろ 11月中旬～下旬

参道脇のモミジは11月中旬頃が見事。シーズン中はケーブルが混むので本殿までは歩くことをおすすめ（約30分）本殿そばのカエデの紅葉も美しい。

▶紅葉ポイント
紅葉の見ごろは、貴船神社より例年遅い。

鞍馬寺

叡山電車のもみじトンネル

市原駅から二ノ瀬駅間、約200mのモミジのトンネル。ライトアップ期間中は車内灯を消して走るので、車窓からの眺めはより幻想的。

高雄

京都駅から約45分とちょっと遠出の感がある高雄だが、大自然の中で見る紅葉はまた格別。JRバス「山城高雄」から徒歩約20分にある「神護寺」は京都有数の紅葉スポットだ。石段を上がるのはちょっとヤツイが、自然が描く錦には感動するはず。
石段を下り、10分ほど歩くと紅葉スポットが。紅葉橋からの眺めはベストショット。近くの「もみぢ家」では、紅葉を眺めながらこの時期限定の料理を味わえる。
もみぢ家本館から紅葉を楽しみながら山道を約10分も歩くと「西明寺」に。客殿前の紅葉が特に美しい。
再び山道を約15分ほど歩くと、世界遺産の「高山寺」に着く。「鳥獣人物戯画」や日本最古の茶園があることでも有名だ。豊かな自然の中で紅葉が味わえる。高山寺から栂ノ尾のバス停までは徒歩で5分ほどだ。

西明寺

もみぢ家

きぬかけの道コース

金閣寺→龍安寺→仁和寺→妙心寺 大法院

金閣寺、龍安寺、仁和寺は世界遺産の古寺。その重みと紅葉をのんびり味わいたい

金閣寺
きんかくじ
map.p122
みごろ 11月中旬〜12月上旬

金色に輝く金閣寺がモミジの赤をまとった景色はゴージャス。

▶紅葉ポイント
参道から丘までモミジが多く、たっぷり味わえる。

龍安寺
りょうあんじ
map.p122
みごろ 11月中旬〜12月上旬

白砂が敷き詰められた石庭は秋も落ち着いた雰囲気。

▶紅葉ポイント
油土塀から石庭をのぞくカエデの赤と白砂の対比が美しい。

仁和寺
にんなじ
map.p122
みごろ 11月中旬〜12月上旬

桜で有名だが、中門から金堂にのびる参道を飾るカエデの美しさも見事。

▶紅葉ポイント
燃えるようなカエデに、抱かれるようにそびえる五重塔は必見。

妙心寺 大法院
みょうしんじだいほういん
map.p122
みごろ 11月中旬〜下旬

妙心院の塔頭の中でも紅葉で知られるのは、桂春院と大法院。前者は4つの庭が紅葉で彩られ、抹茶をいただきながら眺めることができる。大法院は新緑と紅葉の時期だけ公開され、落ち着いた紅葉を堪能できる。

▶紅葉ポイント
真っ赤な絨毯を敷き詰めたようになる。

大法院

岩倉コース

詩仙堂→圓光寺→曼殊院門跡

名園の多彩な紅葉を味わう

詩仙堂
しせんどう
map.p124
みごろ 11月中旬〜12月上旬

白砂とサツキの狩り込みが美しい庭園を、包みこむように紅葉がせまる。開け放された書院からのぞむ紅葉は絵のようだ。

▶紅葉ポイント
回遊式庭園なので庭に下り、間近で紅葉が見られる。

詩仙堂

圓光寺
えんこうじ
map.p124
みごろ 11月中旬〜12月上旬

深紅の絨毯のような散紅葉、池の水面に浮かぶ紅葉と、様々な紅葉の姿を楽しめる。

▶紅葉ポイント〔ライトアップあり〕
夜間のライトアップでは光と霧と音をコンピューターで制御。幽玄な世界を演出。

曼殊院門跡
まんじゅいんもんぜき
map.p124
みごろ 11月中旬〜12月上旬

桂離宮と並び称される建築美を誇る曼殊院門跡。枯山水の庭園も見事。

▶紅葉ポイント
境内はもちろん、紅葉一色に包まれ、門前までの坂道も、紅葉のトンネルができるほどだ。

まだまだある！紅葉名所

東福寺
とうふくじ
map.p96

 みごろ　11月上旬〜下旬

開山の円爾弁円が宋から持ち帰ったカエデが始まりで、今や2000本にもなり、紅葉の寺として京都でも有数の場所になる。

▶紅葉ポイント
通天橋には「通天モミジ」と呼ばれて、葉が3つに分かれて黄金色になるカエデがある。

常照寺

常照寺
じょうしょうじ

 みごろ　11月中旬〜12月上旬

住 京都市北区鷹峰北鷹峰町1

朱塗りの山門と真っ赤なモミジの景観は、まるで1枚の絵のようだ。燃えるような紅葉もいいが、散り姿も美しい。色とりどりのモミジが織りなす絨毯の、しみじみとした情緒もまた格別だ。

▶紅葉ポイント
茶室の「吉野窓」から見る紅葉は写真スポット。

東福寺

上賀茂神社
かみがもじんじゃ
map.p127

みごろ　11月中旬〜下旬

そのほとんどが重要文化財に指定されている社殿の間を、縫うように色づく紅葉の見事な眺め。色づきの違いも楽しめる。

▶紅葉ポイント
桜門、本殿、川沿いなど数多くの紅葉スポットがあり、ゆっくりと散策したい。

上賀茂神社

大徳寺 黄梅院
おうばいいん
map.p128

みごろ　11月中旬〜下旬

黄梅院

樹齢50〜200年のカエデやモミジが醸し出す禅寺の秋の風情。毎年秋には千利休の作庭「直中庵」や武野紹鴎の茶室「昨夢軒」が特別公開され、一層味わい深い秋を楽しめる。重要文化財指定の本堂、唐門も必見。

▶紅葉ポイント
「直中庵」「破頭庭」「作仏庭」の3つの庭からの眺めは格別。

12 師走 December 1~31

1
- 仏名会／清水寺（～3日） ●献茶祭／北野天満宮

2

3

4

5

6
- 大根炊き／三寳寺（～7日）

7
- しまい大国祭／地主神社 ●釈尊成道会法要と大根炊き／妙満寺
- 成道会法要と大根炊き／千本釈迦堂（～8日）

8
- 針供養／虚空蔵法輪寺　針神社

9
- 大根炊き／了徳寺（～10日）

10
- 終い金毘羅祭／安井金毘羅

11

12
- 御薬酒神事／下鴨神社

13
- 大福梅の授与／北野天満宮 ●かくれ念仏／六波羅蜜寺（～30日）
- 事始め／五花街

14
- 義士まつり／瑞光院　大石神社 ●義士会法要／法住寺

15
- 葉ぼたん展／吉祥院天満宮（～2/4）

その他
上旬～中旬● 嵐山花灯路

16

17

18

19

20
● 火焚祭／宇治神社 ● お煤払い／西本願寺、東本願寺

21
● 終い弘法／東寺 ● 納めの寅／鞍馬寺

22
● カボチャ大師供養／不思議不動院

23
● 綱掛祭／新熊野神社

24

25
● 終い天神／北野天満宮 ● 御身拭式／知恩院、金戒光明寺

26

27
● 除夜の鐘試し撞き／知恩院

28

29
● 終い醍醐市／醍醐寺

30

31
● をけら詣り／八坂神社 ● 除夜の茶会／千本ゑんま堂

12月

Desember 12 師走

keyword
- 1年の無病息災
- 年末行事

大根炊き

古来より大根はハレの日の食べ物で神への供え物とされてきた。大根炊きは、京都の冬を告げる風物詩だ。

- 三寳寺　map.p141　6〜7日　10:00〜
日蓮上人の遺徳をしのぶ法要と合わせて大根炊きが行われる。日蓮上人が好んだ柚子を使用した柚子ご飯も用意される（どちらも有料）。◆市バス「三寳寺」

- 妙満寺　7日　11:00〜
名園「雪の庭」を眺めながら大根炊きをいただける。◆京都バス「幡枝妙満寺」住京都市左京区岩倉幡枝町91

- 千本釈迦堂　map.p121　7〜8日　10:00〜
慈禅上人が聖護院大根の切り口に「梵字」を書き、厄除けを祈願したのが起こり。大根にカラメルで梵字を書き、油揚げと一緒に炊かれる。◆市バス「上七軒」

- 了徳寺　map.p141　9〜10日　9:00〜
親鸞上人を村人が大根の塩煮でもてなしたという故事に由来。前日の朝堀った約3000本の篠大根と油揚げが、昔ながらの大釜で炊き上げられ、約1万人の参拝者に振る舞われる（有料）。◆市バス「鳴滝本町」

山科義士まつり
14日 10:00〜14:30頃

- 瑞光院　map.p141

山科区には赤穂義士ゆかりの地が多くあり、義士に扮した地元の人々がその地を巡り、法要を行う。義士は毘沙門堂に集合し、四十七士の遺髪塚のある瑞光院で法要を行い、その後パレード。大石内蔵助と四十七士の木像がある岩屋寺から大石神社へ向かう。途中、芝居や踊りが披露される。◆JR「山科駅」

をけら詣り
31日 19:30頃〜

- 八坂神社　map.p104

薬草の一種である「をけら」は火で燃やすと臭気を発し、昔の人はこの臭いで疫神を追い払おうとしたのが由来とされる。をけら火を吉兆縄に移して、火が消えぬようにクルクル回しながら持ち帰り、お雑煮の火種などにして無病息災を祈る。ちなみに吉兆縄が燃えている時間は約30分とか。◆市バス「祇園」

嵐山花灯路

12月上旬～中旬　17:00～20:30（雨天決行）
嵯峨・嵐山は竹林や水辺など自然に包まれた地区。ここを露地行灯の「灯り」といけばな作品の「花」で包み、日本情緒を醸し出すイベント。渡月橋や竹林の小径などのライトアップや、約2500基もの露地行灯の灯りが、思わず歩きたくなる路を演出。
[エリア]①二尊院、②落柿舎、③常寂光寺、④野宮神社、⑤大河内山荘庭園、⑥天龍寺、⑦宝厳院、⑧時雨殿、⑨渡月橋周辺、⑩法輪寺。

竹林の小径

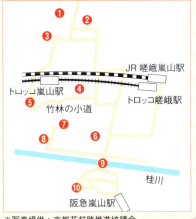

渡月橋

※写真提供：京都花灯路推進協議会

除夜の鐘

京都で除夜の鐘が撞けるお寺を一部紹介。甘酒や薬湯の接待、そばを接待するところも。

[洛北]
勝林院　　　　人数制限なし
鞍馬寺　　　　人数制限なし
[洛東]
真如堂　　　　4～5人で1回、108組
金戒光明寺　　23時頃から整理券。先着100組
永観堂　　　　2～3人で1回、午前1時で終了
高台寺　　　　22時頃から先着108組
東福寺　　　　整理券配布、2ヶ所で各108回
[洛中]
千本ゑんま堂　23時30分頃から整理券配布

をけら詣り（八坂神社）

報恩寺　　　　108回で終了
相国寺　　　　制限なし
[洛西]
天龍寺　　　　108回で終了
二尊院　　　　午前1時終了
[洛南]
醍醐寺　　　　23時45分～人数制限なし

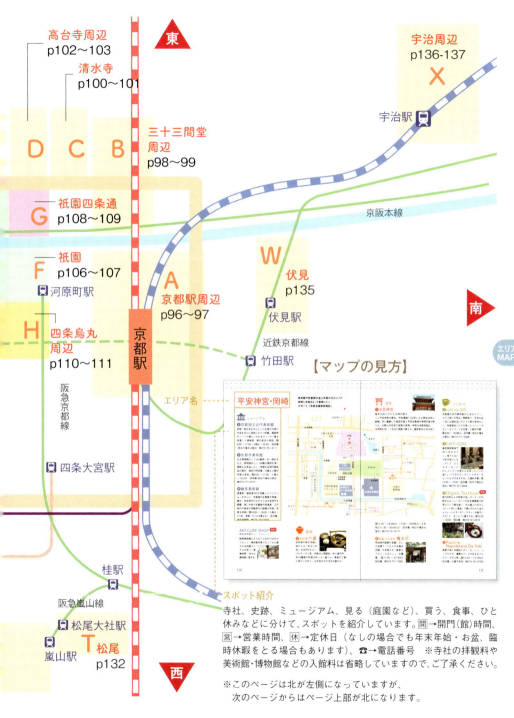

京都駅周辺

京都駅から短時間で行ける、見逃せない寺社・庭園を紹介。◆ JR「京都駅」・「東福寺駅」・「稲荷駅」、近鉄「東寺駅」

東福寺駅より

東福寺の冬

重森三玲作庭の方丈庭園

❶東福寺
とうふくじ

鎌倉時代に九條家菩提寺として建立。広大な敷地には25の塔頭、山門・禅堂などの伽藍が建ち並ぶ。見どころは庭園。秋は京都有数の紅葉の名所に。見逃せないのは、重森三玲が作庭した、市松模様が目を惹く方丈庭園。近代禅宗庭園の傑作といわれ、世界的にも知られている。開9:00～16:00（11～12月上旬は8:30～16:30　最終受付は30分前）☎075-561-0087

足を延ばして

❷泉涌寺
せんにゅうじ

皇室との関係が深いことから、御寺といわれる。特に女性に人気の寺だが、そのわけは世界三大美女のひとり楊貴妃の観音坐像（等身大）が安置されているから。中国に渡った僧が持ち帰ったといわれる。ここも紅葉の名所。開9:00～17:00（12～2月は～16:30　最終受付は30分前）☎075-561-1551

＊近くの紅葉がきれいな寺：来迎院、雲龍院、善能寺他

東寺駅より

❸東寺（教王護国寺）
とうじ

平安京遷都の際に都を守る官寺として建立。正式名は「教王護国寺」。羅城門の東にあるから「東寺」といわれる。その後、空海が五重塔を創建して真言密教の道場としたため「弘法さんの寺」としても知られ、毎月21日に開かれる縁日「弘法さん」は大勢の人で賑わう。開8:30～17:30（季節で異なる）☎075-691-3325

稲荷駅より

④伏見稲荷大社
五穀豊穣、商売繁盛の神様を祀る、全国に約3万社ある稲荷神社の総本宮。本殿背後にある「千本鳥居」と呼ばれる、朱塗りの鳥居のトンネルは圧巻。外国人にも大人気だ。開8:30〜16:30 ☎075-641-7331

足を延ばして

⑤石峰寺
五百羅漢で有名な黄檗宗の寺。江戸時代の絵師・伊藤若冲が約10年の歳月をかけ、釈迦の一代記を描いたのが五百羅漢。開9:00〜17:00（10〜2月は〜16:00）☎075-641-0792

京都駅より

⑥西本願寺・東本願寺
西本願寺は浄土真宗本願寺派の本山。豪華な建築が並び、世界遺産に指定される。東本願寺は真宗大谷派の本山で、御影堂は世界最大級の木造建築。ここ一帯は、両本願寺の門前町で、仏具店や信徒の方の宿が軒を連ねる。開5:30〜17:30（季節で異なる） ☎西本願寺075-371-5181 東本願寺075-371-9181

⑦渉成園（枳殻邸）
池泉回遊式庭園を持つ東本願寺の別邸。徳川家光が約1万坪を寄進、石川丈山の趣向をもとに作庭される。梅・桜・藤など四季折々の花が咲き、その優美な姿から、洛中一の名勝庭園といわれる。石川丈山の終の棲家は「詩仙堂」として知られる。開9:00〜16:00（最終受付は15:30）☎075-371-9181（東本願寺）

三十三間堂周辺

三十三間堂、智積院など寺が多い地域。露地からは歴史の香りがしてくる。豊臣秀吉ゆかりのお寺も多く、秀吉をテーマに歩くのもおもしろい。◆京阪「七条駅」

寺社 temples & shrines

❶ 三十三間堂（さんじゅうさんげんどう）

118mある堂内に並ぶ1001体の千手観音像（国宝）と風神・雷神像（国宝）は必見。1164年に平清盛が建立、鎌倉時代に再建される。本堂内陣の柱間が33あることが名前の由来。
開 8:00〜17:00（季節で異なる。最終受付は30分前）☎075-561-0467

🏛 ミュージアム

❷京都国立博物館

伝統的文化財保護のため明治30年開館。本館建物（重文）も立派な美術品。平常陳列に加え特別展覧会がある。🈺9:30〜18:00（金曜〜20:00）🈳月曜（祝日の場合は翌日）☎075-525-2473

❸河井寬次郎記念館 是非！
用の美を追求した、国際的にも知られる陶芸家河井寬次郎。没後、自宅兼工房がそのまま記念館となった。それだけに作品への感じ方が深くなる。🈺10:00〜17:00（最終受付30分前）🈳月曜（祝日の場合は翌日）☎075-561-3585

🍱 食事＆ひと休み

❹半兵衛麸

麸と湯葉一筋300年の老舗。多彩な麸と湯葉料理を味わえる「むし養い料理」が人気。京町家の風情の中でいただけるのもうれしい。🈺11:30〜14:30LO（要予約）販売9:00〜17:00　🈳なし　☎075-525-0008

❺清水一芳園 茶処 一祥
茶葉専門店内にある和モダンなサロン。厳選された日本茶や台湾茶に相性のいいプレミアム抹茶ロール・霞的が人気。🈺11:00〜18:30LO　🈳火曜　☎075-202-7964

❻甘春堂東店 茶房 撓 体験も
慶応元年創業の和菓子の老舗。茶房では季節の上生菓子と抹茶セットなど京らしい甘味がいただける。上生菓子作り体験もできる（要予約）。🈺10:00〜17:00販売9:00〜18:00　🈳なし　☎075-561-1318

✤豊臣秀吉ゆかりの地を訪ねる

❼豊国神社

「ほうこくさん」と呼ばれる豊臣秀吉を祀る神社。桃山時代に建てられた伏見城の遺構「唐門」（国宝）が有名。千成瓢箪など秀吉ゆかしの品を公開（宝物館）。🈺宝物館9:00〜17:00（最終受付は30分前）　☎075-561-3802

❽方広寺

豊臣秀吉が建立した寺。秀吉の没後奉納された「国家安康の鐘」（重文）の銘文が、豊臣家滅亡のきっかけになった話は有名。🈺9:00〜16:00　☎075-561-7676

❾智積院
真言宗智積派の総本山。この地は、豊臣秀吉が長子鶴松の菩提寺として建てた祥雲寺の跡地。長谷川等伯一門による障壁画（国宝）や小堀遠州作の「利休好みの庭」は必見。庭はサツキの名所としても知られる。🈺9:00〜16:30（最終受付は30分前）　☎075-541-5361

❿養源院
豊臣秀吉が、「父・浅井長政の供養をしたい」という淀殿の願いから創建。一度焼失したが、淀殿の妹で徳川秀忠の正室・江が再建。以後徳川氏の菩提所となった。俵屋宗達の杉戸絵と襖絵は見逃せない。🈺9:00〜16:00　🈳1・5・9月の21日午後、12月31日　☎075-561-3887

清水寺

清水寺周辺は、王道の散策エリア。二年坂、産寧（三年）坂など買い物スポットも多数。
◆市バス「五条坂」「清水道」

寺社 temples&shrines

❶清水寺
きよみずでら

「清水の舞台から飛び降りたつもり」という俗語もあるほど、日本人に馴染み深い世界遺産の古刹。奈良時代末に延鎮上人が千手観音を祀るために結んだ草庵が前身。139本の巨大な柱を組み合わせた国宝の舞台からは市内が一望でき、名水「音羽の滝」、安産祈願の名所「子宝塔」など見どころも多い。春と秋に特別拝観がある。開6:00〜18:00（季節で異なる）☎075-551-1234

❷地主神社
じしゅじんじゃ

清水寺本堂の北側に鎮座し、清水寺の地主を祀る神社。縁結びの神として、若い女性に絶大な人気を誇る。本殿前の「恋占いの石」は、目を閉じてふたつの石の間を歩き、みごとたどりつければ恋が叶う。開9:00〜17:00 ☎075-541-2097

ミュージアム museum

❹清水三年坂美術館

明治の七宝、金工、京薩摩、蒔絵を日本で初めて常設展示する美術館。赤塚自得をはじめ皇室の奨励を受けていた帝室技芸員の作品など、細密華麗な名品を厳選展示する。トルコや中央アジアの工芸品など、美術館オリジナルの品々を販売するショップもあり。開10:00〜17:00（入館は〜16:30）休月・火曜（祝日は開館）※臨時休館あり ☎075-532-4270

❸八坂の塔
やさかのとう

京都を舞台にしたサスペンスドラマでもお馴染みの五重塔は東山のシンボル。聖徳太子の創建といわれ、現在の塔は永享12年（1440）に足利義教が再建。中心の礎石は創建時のもの。初層と二層が拝観可。開10:00〜16:00 ☎075-551-2417

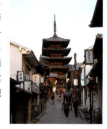

 買う

❼ 京東都 本店

鬼や妖怪の集団「百鬼夜行」や京都の町民をモチーフとした「洛中洛外図」など、ありそうでなかった和風のワッペンがそろう刺繍ブランドショップ。営11:00～18:00　休不定休
☎075-531-3155

❽ カランコロン京都 清水店

京都らしい「はんなり」と、今の時代の「カワイイ」をデザインしたオシャレな和雑貨の店。レトロ小紋のブックカバーや、七宝椿の鏡つきポーチなど。営10:00～18:30　休なし
☎075-561-8985

 食事

❾ IL GHIOTTONE

今では「京都イタリアン」としてすっかり定着した、笹島保弘オーナーシェフのリストランテ。九条ネギを使ったパスタなど多彩な京食材を存分に活かしたイタリアンが楽しめる。営12:00～14:30LO、18:00～21:30LO　休火曜
☎075-532-2550

❿ 京料理 修伯

八坂の塔のすぐ近くにある京料理屋。フレンチ出身の店主がつくる料理は、より多くの食材を味わってほしいと少量ずつ多種類がポイント。デザートのワゴンサービスやかまどで炊くごはんもうれしい。営12:00～14:00、18:30～21:30　休月曜、第3日曜　☎075-551-2711（完全予約制）

❺ 近藤悠三記念館

陶磁器染付の分野で人間国宝に認定された近藤悠三の生家跡に建つ記念館。世界最大の磁器「梅染付大皿」など迫力ある名品を展示。開10:00～17:00　休水曜　☎075-561-2917

 ひと休み

❻ 十文堂

お巫女さんの振る神楽鈴をモチーフにした一口サイズの炙り団子が名物で、白味噌やみたらし、焼きのり、粒餡、黒ごま醤油など5種類の味が楽しめる「団落」650円が人気。営11:30～17:00（売り切れ次第閉店）　休水・木曜　☎075-525-3733

高台寺周辺

清水寺周辺、知恩院周辺に続き、石塀小路、ねねの道と趣深い路地がある人気のエリア。◆市バス「東山安井」

石塀小路 是非!
趣ある旅館や料亭が立ち並ぶ、古都の風情が漂う石塀小路はぜひ歩いてほしい。ねねの道とつながり、立ち止まり、眺めながら歩いても10分ほどの道だ。

⓫喫茶 いし塀
石塀小路の一角に佇むのが「喫茶いし塀」。中庭を望みながら、八坂神社の湧水で淹れたコーヒーや「いし塀トースト」をどうぞ。営11:00～17:00 休木曜 ☎075-551-3458

ねねの道
高台寺を中心に南北にのびる道が「ねねの道」。八坂の塔を望む絶景ポイントを見逃さないで。

寺社

❶ 高台寺・高台寺掌美術館
豊臣秀吉の正妻・北政所が秀吉の菩提を弔うために創建。小堀遠州作の見事な庭園は四季折々にいい。高台寺に伝わる文化財は、圓徳院境内にある掌美術館で展示されている。開9:00〜17:00
☎075-561-9966

❷ 圓徳院
北政所が晩年を過ごし、77歳の生涯を閉じた高台寺塔頭。趣の異なる2つの庭園と、長谷川等伯の初期の作「方丈襖絵」（重文）は見もの。
開10:00〜17:00　☎075-525-0101

❸ 霊山観音
高さ24mの白衣の巨大観音像。昭和30年に第二次世界大戦戦没者の慰霊のために建立させる。
開8:40〜16:20　☎075-561-2205

❹ 京都霊山護国神社
明治天皇の詔で建立され、明治維新のために活躍し、維新で散った坂本龍馬、木戸孝允、高杉晋作ら1043人の志士が眠る。隣接して、幕末維新ミュージアム霊山歴史館がある。幕末歴史ファンはぜひ。開8:00〜17:00　☎075-561-7124

❺ 長楽寺
平家滅亡後、建礼門院が出家した寺（その後寂光院に移る）。拝観所には建礼門院像や安徳天皇御影が安置されている。開9:00〜17:00　休木曜
☎075-561-0589

ひと休み

❻ 洛匠
数寄屋造りの建物と日本庭園が広がる約200坪の敷地。そんな優雅な雰囲気の中で、人気NO1の抹茶の香り高い「草わらびもち」を。
営9:00〜18:00　休不定休　☎075-561-6892

❼ 高台寺茶寮
京町家で庭園を眺めながら、ゆったりと日本料理をいただく。熱々の羽釜で出される鴨とうふはこの名物。昼は3500円〜　営11:00〜22:00LO
休なし　☎075-561-0831

❽ page one（カフェ・バー）
「森田氷室本店」がプロデュースするお店だけに、器も氷でできたかき氷はスゴイ人気。温かいドリンクもあり、夜はバーになる。営11:00〜24:00　休水曜
☎075-551-2882

❾ 長楽館カフェ
明治42年から京の迎賓館として活躍した洋館がそのままカフェに（京都市有形文化財）。ピアノの演奏を耳に優雅なティータイムを。開10:00〜20:30LO　休不定休　☎075-561-0001

買う

❿ 祇園むら田
京都の料亭やホテルから絶賛される「いりごま」。「黒胡麻カステラ」は生地に練り胡麻が練り込まれた香ばしいカステラ。どちらも、おみやげに喜ばれると好評だ。
営10:00〜17:30
休日曜、祝日、第4水曜　☎075-561-1498

八坂神社周辺

知恩院、青蓮院門跡と人気のスポットがあるエリア。高台寺エリアに隣接するので、一緒にまわるといい。◆市バス「祇園」

⛩ 寺社 & 見る 📷

❷知恩院

高さ24m、横幅が50mの山門は、現存する木造建築では日本最大級（国宝）。左甚五郎の忘れ傘のある御影堂（国宝2019年まで非公開）、重さ7tはある大鐘楼も見どころ。大みそかに17人がかりで撞く除夜の鐘は名高い。開9:00～16:30（最終受付は30分前）☎075-531-2111

友禅苑
知恩院内に、京友禅の始祖・宮崎友禅生誕300年を記念して造られた「友禅苑」がある。枯山水の庭園や裏千家ゆかりの茶室「華麓庵」が静かに佇む。

❸青蓮院門跡
皇族が門主となる格式高い寺院。青不動明王二童子画像（国宝）は、平安ものの最高峰といわれる。小堀遠州をはじめ、異なる作庭家による様々な庭園は見どころ。開9:00～17:00（最終受付は30分前）

＊春秋の夜間特別拝観は時間・料金別途 ☎075-561-2345

❹粟田神社
10月の「粟田祭」で知られる神社。京都の東の出入口・粟田口に位置するところから、旅の安全祈願の神として親しまれる。また、8月の五山の送り火では、境内から「船形・左大文字」がよく見える。開6:00～17:00 ☎075-551-3154

❺円山公園

明治19年にできた京都で一番古い公園。しだれ桜でも有名。園内東には坂本龍馬と中岡慎太郎像がある。

❶ 八坂神社

華やかな西楼門（重文）が祇園界隈のランドマークになっている八坂神社は、「祇園さん」と呼ばれ、庶民の信仰が厚い。7月の祇園祭はここの祭礼。☎075-561-6155

知恩院と桜

食事

❻ いもぼう平野屋本店

海老芋と棒ダラを炊き合わせた「いもぼう」は京都伝統の味。約300年間、一子相伝で守る、ねっとりした海老芋のおいしさは忘れられないといわれる。いもぼう御膳2500円（税別） 営11:00〜20:00LO 休なし ☎075-525-0026

❼ 二軒茶屋 中村楼

祇園祭の「稚児餅」でも知られる八坂神社門前にある老舗料亭。坂本龍馬もたびたび訪れたという。昼の懐石5400円、夜は1万円〜。営11:30〜14:00LO、17:00〜19:00LO 休木曜（祝日の場合は営業）☎075-561-0016

買う

❽ 餅寅

白川沿いの和菓子店。明智光秀の祠と首塚を守っていることで知られ、光秀にちなんだ饅頭「光秀饅頭」が名物に。黒糖と抹茶の2種類があり、他にも豆餅や季節の和菓子も販売。営8:00〜17:00 休水曜 ☎075-561-2806

❾ 一澤信三郎帆布

「布包」と書かれたノレンが目印の、110年の歴史を有する帆布製カバンの店。丈夫で通気性の高い帆布を職人がミシンで丁寧に縫製。使い込むほどに味が出、シンプルなデザインが老若男女の支持を受ける。営9:00〜18:00 休火曜 ☎075-541-0436

祇園（四条通南）

京都花街の中心。お茶屋文化を垣間見たら、そんな風情の店で食事やお茶を楽しむのもよし。◆市バス「祇園」

 見る

❶ ギオンコーナー
舞妓の京舞をはじめ箏曲・茶道・華道・雅楽・狂言・文楽の7つの伝統芸能を約1時間で鑑賞。[演]18:00～と19:00～の1日2回（7・8月の16日、年末は休演）☎075-561-1119

❷ 両足院 　一度は見たい
建仁寺の塔頭でふだんは非公開。半夏生の咲く頃（6月中旬～7月）のみ特別公開される。茶室では、抹茶と半夏生に見立てた生菓子が楽しめる。
☎075-561-3216

ひと休み

❸ 甘味処 ぎおん楽楽
元お茶屋の2階だけに、雰囲気抜群。京料理とイタリアンを展開する楽々荘が手掛ける店で、イタリアの香り漂うスイーツが人気だ。夏限定のかき氷はぜひ味わいたい。[営]13:00～18:30LO　[休]不定休　☎075-532-0188

❹ ぎおん徳屋
いつも行列ができる花見小路通に面した店。ミニコンロで自分で焼いた餅を5つの味で味わう「花見こもち」、絶品と評判は「わらび餅」。[営]12:00～18:00（売り切れ次第終了）　[休]不定休　☎075-561-5554

❖ Café 冨月：元旅館の和風カフェ→p 152
❖ ZEN CAFÉ：老舗和菓子店が展開→p 155
❖ 和バルOKU：「美山荘」プロデュース→p 151
❖ 萬屋：京都ならではのそばが味わえる→p 151
❖ 蛸長：京都一のおでん屋さん→p 151
❖ グラン マーブル 祇園：
　京を意識したマーブルデニッシュ→p 157
❖ 裏具：すべてオリジナルの和文具店→p 159

祇園（四条通北）

賑やかな祇園南とは違い、白川南通や新門前通はしっとりした雰囲気で、大人の散歩道。◆市バス「祇園」

 見る

❶辰巳大明神
芸上達にご利益ありと芸舞妓から崇敬されている。

 ひと休み

❷ぎをん小森
お茶屋さんだった趣のある佇まい。木わらびもち、抹茶パフェ、夏はかき氷など、吟味された食材を使った極上の味にファンが多い。営11:00 ～ 20:30LO（日祝～ 19:30LO）休水曜 ☎075-561-0504

 買う

❸今昔西村 古代裂
江戸時代から昭和にかけての染色品を多く揃える。大正ロマンの香りがする着物や帯は若い人にも人気。営10:00 ～ 19:00 休水曜 ☎075-561-1568

❹ちんぎれや 古代裂
江戸から明治時代の古代裂専門店。古代裂で作ったがま口や名刺入れなどは見ているだけでも楽しく、品数も豊富に揃っている。営10:00 ～ 19:00 休なし ☎075-561-4726

❺染司 よしおか
日本の染色文化を守り続けている染織史家・吉岡幸雄さんの店。店内は日本の美しい色であふれている。小物類も販売。営10:00 ～ 18:00 休なし ☎075-525-2580

❻菱岩 仕出し 是非！
1892年創業の老舗。お茶屋や旅館が得意先だが、1個からでも購入できる（予約）。京都ならではの味が詰まったお弁当、ぜひ味わって。営11:30 ～ 21:00 休日曜、最終月曜 ☎075-561-0413

［縄手通］古美術商が多い通り。
［新門前通］茶道具、器などの店が軒を連ね、京文化が凝縮された静かな大人の通り。

祇園四条通

四条通は八坂神社の参道。祇園はその参道沿いの門前町にあたる。老舗が軒を連ね、京都で一番の賑わいを見せる四条通を川端通まで散策してみよう。

⓭永楽屋 細辻伊兵衛商店
明治から昭和にかけての手拭い柄を復刻した「町家手拭」で知られる。営10:00～20:00　休なし　☎075-532-1125

⓬祇園もりた
京都らしい文具が見つかる花街御用達文具店。京都の風景や文様を描いた小物は人気。営10:00～20:30　休日曜　☎075-561-3675

⓫はれま 祇園店
しっかりした味に京都人のファンが多い、手づくりのちりめん山椒専門店。営10:00～20:00　休なし　☎075-533-7778

⓯井澤屋
江戸時代創業の和装小物店だが、京都らしいハンカチや小物は、おみやげに最適。営10:00～20:00　休なし　☎075-525-0130

⓮十六五（とうろくご）
「五色豆」が有名だが、おみやげにおすすめは「こんぺい十（とう）＋五色豆」千代紙二段重ね。金平糖と五色豆が入っている。営10:00～21:00　休なし　☎075-561-0165

```
四条大橋・四条河原町へ ←　川端通
　レストラン菊水
　　天下一品 南座前店
　　やぐ羅 本店
　　十六五⓮
　　井澤屋⓯
　　福栄堂
縄手通
　永楽屋 細辻伊兵衛商店⓭
　maicoto
　祇園天ぷら 天周
　御料理 味舌
　祇園もりた⓬
　はれま⓫
　手染め京ちりめん服 祇園
　京つけもの大安
四条通
大和大路通
　⓴総本家 にしんそば松葉
　祇園饅頭
　南座
　祇園鼓月
　鰻 祇をん 松乃
　⓳俵屋吉富 祇園店
　京つけもの西利祇園店
　出雲そば ぎおん八雲
　⓲月ヶ瀬
　のレン祇園店
　舞扇堂
　⓱香鳥屋 本店
　⓰幾岡屋
　祇園店
　本家西尾八ッ橋
```

⓲月ヶ瀬 祇園いちむら
「あんみつの月ヶ瀬」といわれ、夏はかき氷も人気の甘味処。営12:00～19:00　休水曜、第1木曜　☎075-525-2131

⓱香鳥屋 本店
祇園の地で125年、ハンドバッグや袋物を販売。店舗は京都市の歴史的意匠建造物。営10:00～20:30　休なし　☎075-561-0526

⓰幾岡屋
芸舞子さんの名入りの京丸団扇など祇園ならではの和もの店。営11:30～19:30　休木曜　☎075-561-8087

⓴総本家 にしんそば松葉
南座に隣接し、元は初代が始めた芝居茶屋。名代「にしんそば」はここの発案といわれる。営10:30～21:30　休水曜（季節により変わる）　☎075-561-1451

⓳俵屋吉富 祇園店
「雲龍」で知られる老舗和菓子店。「京まいこちゃんボンボン」は祇園店限定品。営10:00～19:00　休不定休　☎075-541-2543

❷ 柿善商店
鰹節や昆布など京おばんざいの必需品を、大正元年から扱っている。[営]10:00〜18:00 [休]月曜 ☎075-561-0699

❶ いづ重
鯖の姿寿司、鱧、鮎などの季節の京寿司の老舗。冬の蒸し寿司も人気。[営]10:00〜17:00 [休]水曜 ☎075-561-0019

❺ 黒豆茶庵北尾 祇園店
京都丹波の黒豆や小豆などの豆類を扱う創業文久2年の北尾の食事・甘味処。「黒豆御膳」や「黒豆ソフトクリーム」が名物。[営]11:00〜18:00 [休]水曜 ☎075-551-8811

❹ かづら清老舗
女性の髪まわりの小物を扱って150年の老舗。伝統美に今の趣向を加えた商品が並ぶ。[営]9:30〜19:00 [休]水曜 ☎075-561-0672

❸ 家傳京飴 祇園小石
季節を考慮した京飴が名物。喫茶では秘傳の黒蜜を使ったスイーツが人気。[営]10:00〜18:30（季節で異なる）[休]なし ☎075-531-0331

（地図部分）
ぽっちり 祇園本店／切通し／京に咲く梅 おうすの里 祇園本店／金竹堂 ❾／御菓子司 鍵善良房 ❽／原了郭 ❼／花見小路／よーじや祇園店／何必館 京都現代美術館 ❻／京銀座堂／（京都メイドの店が集まる）祇園倭美坐／豊田愛山堂／黒豆茶庵 北尾祇園店 ❺／祇園喫茶カトレヤ／かさ源／かづら清老舗 ❹／家傳京飴 祇園小石 ❸／柿善商店 ❷／いづ重 ❶／八坂神社へ→／東大路通

四条通

キャンドルハウス マドンナ／祇園辻利本店／茶寮都路里本店／京風和菓子 松葉屋／京都祇園 萩月／❿土井志ば漬本舗／喫茶 朝顔／祇園まちなか案内所／京煎堂／花見小路

❽ 御菓子司 鍵善良房
江戸中期創業。吉野本葛と良質な水で作る「くずきり」は京の味と定評。カフェも。[営]9:00〜18:00（カフェ9:30〜）[休]月曜 ☎075-561-1818

❼ 原了郭
京の料亭で愛用の黒七味は一子相伝。大正まで宮内省御用達だった御香煎も有名。創業は元禄。[営]10:00〜18:00 [休]なし ☎075-561-2731

❻ 何必館 京都現代美術館
館名は「何ぞ、必ずしも」。定説を疑う自由な精神を持ち続けたいという願いに由来。村上華岳、北大路魯山人、山口薫を中心に近現代の作品を幅広く所蔵。[営]10:00〜17:30（入館17:00）[休]月曜 ☎075-525-1311

❿ 土井志ば漬本舗
創業110年、大原の里に伝わる「志ば漬」をはじめとする京漬物の店。[営]10:00〜20:00 [休]なし ☎075-525-6146

❾ 金竹堂
京の舞子がさす花かんざしや髪飾りの専門店。創業は江戸末期。[営]10:00〜20:00 [休]木曜 ☎075-561-7868

四条烏丸周辺

そぞろ歩きたい露地、のぞいてみたい店が点在。京都の風情を楽しむのに最適なエリア。
◆地下鉄東西線「京都市役所前駅」

 見る & 買う

❶ 京都文化博物館
旧日銀京都支店の赤レンガの建物。京都の文化や歴史がわかる展示や、「ろうじ店舗」では町家風情の中で買い物や食事ができ、京都を満喫。営10:00～19:30（飲食店～20:30） 休月曜（祝日の場合は翌日） ☎075-222-0888

❷ 宮脇賣扇庵
　　　みやわきばいせんあん
虫籠窓に紅殻格子の古き京都が残る店構え。1823年創業の京扇子の老舗。扇子は88工程から作られるが、今でもすべて行う。京の素晴らしい文化を見てほしい。営9:00～18:00（月により変わる） 休なし ☎075-221-0181

❸ 典雅文房 嵩山堂はし本
　　　　　　　　すうざんどう
雅で愛らしい絵が心ひかれる、レターセットやぽち袋などの和紙製品を販売。女性ファンが多い。営10:00～18:00 休なし ☎075-223-0347

京都らしい風情の路地散策

京都を代表する宿といえば「俵屋」「柊屋」「炭屋」。「炭屋」は少し離れているが、散策によい地域。「俵屋」の近くにある「ギャラリー遊形」とカフェ「遊形 サロン・ド・テ」は俵屋がプロデュース。京都の文化がお洒落に表現されている。ぜひ、立ち寄りを。

「炭屋」

「サロン・ド・テ」のわらび餅

❖ イノダコーヒ：京都人に愛されている珈琲店 → p154
❖ 京草子亀屋則克：夏菓子「浜土産」が有名 → p148
❖ 亀廣永：「したたり」を販売 → p148
❖ 栖園：町家を改装。坪庭が美しい甘味処 → p153
❖ 伊右衛門サロン京都：おすすめは朝食 → p150
❖ un café Le Petit Suetomi：お洒落な甘味処 → p155
❖ 堀金箔粉：金箔の老舗。金箔を使った小物も → p158
❖ 京都便利堂：美術絵ハガキと和文具専門店 → p158
❖ 進々堂：おいしいパンで京都人に愛される → p150

寺町通

南北に伸びる1本道には立ち寄りたい店が間をおいて現れ、よいみやげ品に出合える。◆市バス「京都市役所前」

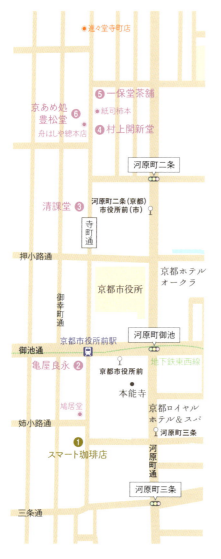

ひと休み&買う

❶ スマート珈琲店
昭和7年創業で、レトロな雰囲気が疲れを癒してくれる。自家焙煎の珈琲はもちろん、フレンチトーストが人気。2Fは洋食店。営8:00〜19:00　休なし　☎075-231-6547

❷ 亀屋良永
創業1832年の老舗和菓子店。サクッと軽い「御池煎餅」が看板商品で、棟方志功作の缶ラベルが人気。営8:00〜18:00　休日曜、第1・3水曜　☎075-231-7850

❸ 清課堂（せいかどう）
天保年間創業以来、錫を中心に金属工芸品を扱う。菓子楊枝でも「清課堂はんのどすか」と一目置かれる。営10:00〜18:00　休なし　☎075-231-3661

❹ 村上開新堂
明治4年創業と京都で一番古い洋菓子屋さん。看板商品はクッキーとロシアケーキで、クッキーは何か月待ちの人気。寺町プリンやみかんゼリー「好事福盧（こうずぶくろ）」も見逃せない。営10:00〜18:00　休日曜、祝日、第3月曜　☎075-231-1058

❺ 一保堂茶舗（いっぽどうちゃほ）
創業約300年、時代ものの茶壺がズラっと並んだ光景やお茶の品書きには見入ってしまう、日本茶専門店。喫茶店「嘉木」を併設。営9:00〜18:00　喫茶室10:00〜17:30LO　休なし　☎075-211-3421

❻ 京あめ処 豊松堂（ほうしょうどう）
銅鍋直炊きの飴作り一筋。ひと目でほしくなってしまうかわいい飴が、種類も豊富に並ぶ。おみやげに最適。営9:00〜18:00　休日曜、祝日（5〜8月は土曜も休み）　☎075-231-2727

真如堂・吉田神社

桜、新緑、紅葉と四季折々の風情が楽しめる真如堂。雰囲気のいいカフェもあり散策におすすめ。◆市バス「真如堂前」

寺社

❶ 真如堂
正式名は真正極楽寺。永観2年（984）、慈覚大師作「阿弥陀如来」を祀ったことが起源とされる。会津藩士も歩いたといわれる石畳の参道は情緒がある。開9:00〜15:45　☎075-771-0915

❷ 吉田神社
平安京の鎮守神。室町時代から続く、例年50万人が参拝する節分祭で有名。開境内自由（祈祷受付9:00〜17:00）
☎075-771-3788

ミュージアム

❸ 重森三玲庭園美術館 是非！
東福寺方丈庭園などで知られる作庭家・重森三玲が32年暮らした旧宅庭園が見学できる（前日までに要予約）。開11:00〜、14:00〜　休月曜
☎075-761-8776

ひと休み

❹ 進々堂 京大北門前
昭和5年の創業以来、図書館のようなアカデミックな雰囲気で人気の老舗喫茶。コーヒーや焼きたてのパンはもちろん、朝からいただけるカレーも人気。営8:00〜17:45LO　休火曜
☎075-701-4121

❺ 茂庵
吉田山の山頂カフェ。大正時代につくられた茶苑の食堂棟と茶席2棟を利用したカフェからは、緑豊かな景色が楽しめる。月替わりのランチメニューやスイーツもあり。営11:30〜17:00LO（ランチ〜14:00）　休月曜（祝日の場合は翌日）
☎075-761-2100

❻ 吉田山荘 真古館
料理旅館「吉田山荘」にあるカフェ。レトロな店内からは大文字の東山連峰や比叡山などが見渡せる。丹波大納言を使った「お福もちぜんざい」など。営11:00〜17:30LO　休不定休　☎075-771-6125

銀閣寺〜哲学の道 〜南禅寺

銀閣寺から哲学の道を通って南禅寺へ。古刹が点在し、京情緒にたっぷり浸れる王道の散策コース。◆市バス「銀閣寺前」

⛩ 寺社

❶銀閣寺
室町幕府8代将軍・足利義政が手がけた山荘を、義政の死去により禅寺に改めた。国宝の東求堂、中国の西湖を模して白砂を盛り上げた銀沙灘で知られる特別名勝の庭園など見どころ多数。
開8:30〜17:00（12〜2月9:00〜16:30
☎075-771-5725

❷法然院
浄土宗の開祖・法然上人ゆかりの寺。椿と紅葉の名所であり、狩野光信らの襖絵がある方丈は4月と11月の1〜7日のみ有料公開。谷崎潤一郎の墓も境内にある。開6:00〜16:00
☎075-771-2420

❸安楽寺
後鳥羽上皇女官の松虫・鈴虫を、無断で落飾させ死罪となった法然上人の弟子・住蓮と安楽の菩提寺。桜、ツツジ、サツキ、鹿ケ谷カボチャ供養（7月25日）、紅葉の時期のみ有料公開。開9:30〜16:30 ☎075-771-5360

❹霊鑑寺門跡
承応3年（1654）、後水尾天皇が皇女を開基として創建された尼門跡寺院。御所人形200点など歴代皇女や天皇遺愛の寺宝が多い。通常は非公開だが、桜の時期のみ公開。開10:00〜16:00
☎075-771-4040　→P31参照

❺永観堂
『古今集』に詠まれたほど、古くから「モミジの永観堂」として知られる東山随一の紅葉スポット。本尊の阿弥陀如来像は「みかえり阿弥陀」として親しまれている。開9:00〜16:00
☎075-761-0007

❻南禅寺
亀山法皇の元離宮だった臨済宗南禅寺派の大本山。高さ22mの三門や方丈庭園などがある。塔頭のひとつ「天授庵」は、枯山水庭園と池泉回遊式庭園が美しい。開境内自由（方丈庭園、塔頭は別途・有料）☎075-771-0365　→P30参照

👣 歩く

❼哲学の道
哲学者・西田幾多郎が散策したことからこの名がある全長約2キロの散策路。　→P31参照

❽蹴上インクライン
明治時代に築かれ、昭和23年まで台車に載せた船を運んだ傾斜鉄道。桜の新名所。　→P30参照

🍲 食事&ひと休み ☕

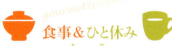

❾銀閣寺 喜み家
自家製の寒天とたっぷりの赤えんどう豆に、とろりとかけた黒みつの「豆かん」が名物。夏のかき氷や冬の「京風白味噌雑煮」も人気。営10:30〜17:30　休不定休　☎075-761-4127

❿名代おめん 銀閣寺本店
釜茹でにしたつるつるモチモチの細麺を、季節の薬味、甘辛のキンピラゴボウとゴマをたっぷり入れたつゆにつけていただく「おめん」が名物。
営11:00〜20:30LO
休月1回木曜　☎075-771-8994

平安神宮・岡崎

美術館や図書館が並ぶ京都の文化エリア。
時間に余裕をもって散策したい。
◆市バス「京都会館美術館前」

ミュージアム

❷京都国立近代美術館
京都・西日本を中心とした近現代作家の作品を中心に多肢にわたり収蔵。建築界のノーベル賞といわれるプリツカー賞を受賞した建築家・槇文彦氏の設計。開9:30〜17:00（入館は〜16:30）休月曜（祝日の場合は翌日）☎075-761-4111

❸京都市美術館
公立美術館としては2番目に古い歴史をもち、帝冠様式という和風の屋根を頂く建築もお見逃しなく。京都の近現代美術品の展示、海外の特別展、日展など展示内容は多彩。開9:00〜17:00（入館は〜16:30）休月曜（祝日の場合は翌日）☎075-771-4107

❹細見美術館
実業家・細見家3代が収集したコレクションを中心に、年数回の企画展を開催。縄文・弥生時代のものからほぼ全時代を網羅、特に中世の水墨画や茶道具、江戸時代の琳派や伊藤若冲の絵画が充実。茶室を併設。開10:00〜18:00（入館は〜17:30 茶室・カフェは異なる）休月曜・展示替期間 ☎075-752-5555

ARTCUBE SHOP 是非！
細見美術館のミュージアムショップ

細見美術館に入らなくとも行けるのがうれしいミュージアムショップ。美術愛好家でなくとも心惹かれるオリジナルの和風アイテムをはじめ、美術工芸に関する書籍も豊富に揃う。営業時間・休みは美術館に準ずる。

食事

❺京料理 六盛（ろくせい）

京料理の粋を手軽に味わえる「手をけ弁当」3240円はロングセラーの人気。手桶は人間国宝・中川清司作。約18種類の料理が彩りよく盛られ、季節のご飯と赤だしが付く。お弁当のみの注文は昼のみ。

寺社

❶平安神宮

毎年10月に行われる時代祭は、ここ平安神宮が舞台。平安遷都1100年になる明治28年に創建。京に遷都した桓武天皇と平安京最後の孝明天皇が祀られ、社殿は平安京の宮殿を再現、神苑は池泉回遊式。
◆神苑8:30〜18:00（季節で異なる。最終受付は30分前）

営11:30〜14:00LO、17:00〜20:00LO（土日祝は11:30〜20:00LO）　休月曜（祝日の場合は翌日）☎075-751-6171

❻京風うどんすき　権太呂

明治時代創業の老舗。だしが自慢で「うどんすき権太呂鍋」が名物だが、簡単なうどん・そばメニューも豊富。営11:00〜21:30LO　休水曜　☎079-751-7880

ひと休み

❽café de 505

京都国立近代美術館1Fにあるカフェ。ガラス張りの明るい雰囲気で、天気の良い日には疎水沿いのテラス席が気持ちいい。自家製生パスタを使ったメニューやカレーなどフードも充実。入館料不要
営9:30〜16:30LO　休月曜（祝日の場合は翌日）☎075-771-5086

❾CAFÉ CUBE

細見美術館地下2Fにあるカフェ。地下とはいえ吹き抜けになっていて、どこかヨーロッパのレストランを思わせるゆったりした造り。パスタのランチコースやケーキセットなどがおすすめ。入館料不要。営10:30〜18:00　休月曜（祝日の場合は翌日）☎075-751-8606

❿Organic Tea House 是非！

築100年以上の町家が店。オーナーの中西さんはニューヨークの日本領事館で料理人として腕を振い、今は極上の生チョコレート作りに専念。丁寧に作られた生チョコレートにオーガニックティーを庭でいただくと、ほっこりと癒される。
営12:00〜18:00
休火曜　☎075-751-2678

❼Pizzeria Napoletana Da Yuki

薪窯で焼く本格的ナポリ・ピッツァ。シンプルだが、濃厚なチーズが生きるマルゲリータが人気。営12:00〜15:00LO　休月曜（火曜不定休）☎075-761-6765

京都御所・二条城周辺

歴史を感じさせるエリアで、人気の町家カフェも楽しめる。個性派ショップも要チェック！
◆市バス「河原町今出川」

📷 見る

❶京都御所・京都御苑
紫宸殿など古来の内裏の建築を今に伝える京都御所は、事前申し込みをすれば参観可能。春と秋には一般公開もある。1周4キロの広い苑内には約5万本もの樹木や小堀遠州作の庭園が残る仙洞御所もある（要事前申し込み）。御苑は入苑自由　☎075-211-6348

❷二条城
慶長8年（1603）、徳川家康が将軍上洛の際の宿泊所として築いた城。15代将軍慶喜が大政奉還を発表した舞台、二の丸御殿なども見学できる。小堀遠州作の二の丸庭園や和洋折衷庭園などがある。開8:45～16:00　休7・8・12・1月火曜（祝日の場合は翌日）
☎075-841-0096

❸神泉苑
平安時代に貴族が舟遊びや狩りを楽しんだ平安京最古の史跡庭園。源義経が静御前を見初めた場所といわれ、縁結び祈願に訪れる女性も多い。開9:00～20:00
☎075-821-1466

❹京都国際マンガミュージアム
歴史的資料から現代の人気作まで30万点所蔵。約5万冊のマンガが館内や庭で自由に読めるのが魅力。開10:00～17:30　休水曜（祝日の場合は翌日）☎075-254-7414

⛩ 寺社

❺晴明神社
平安時代に活躍した陰陽師・安倍晴明の屋敷跡に建つ神社。晴明の霊を鎮めるために一条天皇が創建。五芒星のお守りも人気。
開9:00～18:00　☎075-441-6460

❻白峯神宮
明治元年（1868）に蹴鞠の宗家・飛鳥井家の邸宅跡に創建された神社。サッカーの神様として知られる。開境内自由　☎075-441-3810

❼ 梨木神社（なしのきじんじゃ）

明治18年（1885）創建。境内には京都三名水のひとつ「染井」がある。萩の名所として知られる。
営6:00〜17:00頃 ☎075-211-0885

❾ 箒星（ほうきぼし）

公家屋敷が多かった御所南にあり、築80年の町家を利用したアンティークショップ。金土日のみ営業するカフェは、伊万里の器で和をテーマにした食や甘味、「ひやしあめ」が楽しめる。2階は宿泊も可能。営12:00〜18:00 休月曜〜木曜
☎075-748-1535

❿ さんさか

600冊以上の本が窓辺に並ぶ、ネルドリップの珈琲専門店。手作りのりんごジャムを添えたトーストや自家製チキンカレーなどもある。営9:00〜18:00 休木曜
☎075-241-2710

ひと休み

❽ 栞栞カフェ（しおりしおり）

閑静な住宅街にある、築120年の京町家カフェ。国産素材・国産無添加調味料でつくるおばんざいの「松富や壽」の姉妹店で、体にやさしいおばんざいや素朴なおやつ、麹ドリンク「醸清水」などが人気。カレーも美味。
営11:00〜18:30LO 休火曜
☎075-221-6699

⓫ ことばのはおと

築150年の町家を活かしたお座敷ブックカフェ。店内には約2000冊の本があり、京都の素材にこだわったごはんプレートもある。営11:30〜19:30 休月・火曜
☎075-414-2050

北野天満宮・上七軒

毎月25日が縁日の「天神さん」こと北野天満宮から、京都最古の花街・上七軒へ。
◆市バス「北野天満宮前」

⛩ 寺社

❶北野天満宮

学問の神様・菅原道真公を祀る天満宮の総本社。道真公が愛した梅の花が境内を彩る。毎月25日の縁日には露店が並び、宝物殿も公開。
開5:00〜18:00（冬期5:30〜17:30）
☎075-461-0005

❷平野神社

天神さんから徒歩5分ほど。平安遷都の際、この地に遷座した古社。江戸時代より桜の名所として知られている。開6:00〜17:00（桜花期〜22:00）
☎075-461-4450　→P26参照

❸千本釈迦堂

京都市内最古といわれる鎌倉時代初期の本堂（国宝）は桧皮葺が美しい。本堂造営の際に棟梁の夫をかばって自刃したおかめの像と塚が境内にある。開9:00〜17:00　☎075-461-5973

❹大将軍八神社

平安京造営の際に、陰陽道によって御所の北西に「大将軍堂」を建て方位の災厄を解除したのがはじまり。毎月第1日曜日にはフリーマーケット開催。開参拝自由　☎075-461-0694

食事&ひと休み

❺いっぷく処 古の花

天神さんの参拝客が必ず立ち寄る、食事もできる甘味処。夏は「もも氷」をはじめパウダースノーのようなかき氷が大人気。営9:30〜16:30　休火曜　☎075-461-6687

見る

❼ 上七軒(かみしちけん)

室町時代、天満宮修復の残材で7軒の茶屋を建てたのが起源で、京都最古の花街。春の「北野をどり」の舞台となる「上七軒歌舞練場」は、夏期はビアガーデンとなり、浴衣姿の舞妓・芸妓に会える。

 買う

❽ まつひろ商店 上七軒店

「がまぐち」の卸売業からはじまり、職人の手で丁寧に作られる財布、ポーチ、印鑑入れなどが種類豊富に揃う。営11:00〜18:00　休水曜（祝日・25日は翌日）☎075-467-1927

❾ 京とうふ 藤野本店

国産大豆を使う豆腐やお揚げはもちろん、豆腐の形をしたメモ帳などユニークなオリジナルグッズも揃う。豆乳ソフトクリームや豆乳デザートも充実。近くにはカフェもある。営10:00〜18:30（季節により変動）　休なし　☎075-467-1028

❿ 京都北野 煉屋八兵衛(ねりやはちべえ)

希少な国産の黒本わらびを使用し、他店では味わえない驚きのモッチリ食感が楽しめるわらび餅が絶品。営11:00〜売り切れ次第閉店　休木曜　☎075-464-0007

⓫ やきもち天神堂　味わって

レトロな昭和の店構えが目印のやきもちの店。かまどでじっくり炊いた甘さ控えめの餡を、薄い餅で包んで香ばしく焼き上げた名物。1個100円。営9:00〜売り切れ次第閉店　休不定休　☎075-462-2042

❻ たわらや

北野天満宮門前にある町家のうどん店。名物は手打ちの極太麺「たわらやうどん」730円。モチっとしたコシのある麺に、カツオと昆布のダシが合う。営11:00〜15:30LO　休不定休　☎075-463-4974

金閣寺〜龍安寺〜仁和寺

金閣寺から御室を結ぶきぬかけの路には、世界遺産の古刹が数多く、見逃せない観光エリア。◆市バス「金閣寺道」

❶ 金閣寺（鹿苑寺）

室町幕府3代将軍・足利義満が隠遁生活を送るため、極楽浄土をイメージして建てた御殿を、義満の死後、夢窓疎石が禅寺として開山。池泉回遊式庭園には茶室や義満が愛した樹齢600年の「陸舟の松」なども。開 9:00〜17:00 ☎075-461-0013

妙心寺の塔頭

国宝「瓢鮎図」や方丈庭園で名高い「退蔵院」、沙羅の開花時などに特別公開される「東林院」、茶室で有名な「桂春院」、細川幽斎が中興した「大心院」、春と秋のみ特別公開される「大法院」などがある。（拝観時間・料金は各塔頭により異なる）

寺社

❷ 龍安寺
菜種油を混ぜた油土塀に囲まれ、遠近法を用いて白砂と15個の石で禅の心を表す石庭が有名。
🈺8:00～17:00（12～2月8:30～16:30）
☎075-463-2216

❸ 仁和寺
宇多天皇創建後、空海が後を継いだ真言宗御室派の総本山。遅咲きの「御室桜」で知られるが、秋は境内にたくさんある紅葉が美しい。🈺9:00～16:30（12～2月～16:00）☎075-461-1155

❹ 妙心寺
46の塔頭がある臨済宗妙心寺派の大本山。『徒然草』で「黄鐘調」と詠まれる音色の美しいつりがねや、明智光秀の供養にと建てられた「明智風呂」などがある。🈺境内自由 ☎075-461-5226

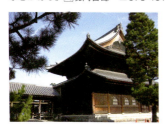

ミュージアム

❺ 京都府立堂本印象美術館
近代日本を代表する画家・堂本印象が自ら造った専門美術館。レリーフを散りばめた斬新な外壁から内部装飾に至るまで本人による設計。「木華開耶媛」など日本画から抽象画まで華麗な変遷を堪能。🈺9:30～17:00 🈑月曜 ☎075-463-0007

食事&ひと休み

❻ 佐近
仁和寺の門前にある、京料理とフレンチを融合した懐石料理の店。旬の魚介をメインにした「桜コース」は7品4600円。夜は一品料理もある。🈺11:30～14:30LO、17:00～20:30LO 🈑水曜（祝日は営業）☎075-463-5582

❼ 萬長
「京の味を心でつくる」をコンセプトに、気軽に料理が楽しめる店。近くに庵があった吉田兼好の『徒然草』にちなんだ「つれづれ弁当」3240円～が人気。🈺11:00～20:00（17:00以降は要予約）🈑不定休 ☎075-461-3961

❽ 西源院
龍安寺の塔頭のひとつで、鏡容池のほとりにある湯豆腐と精進料理の店。特注の木綿豆腐に京野菜が添えられた「七草湯豆腐」1620円が名物。湯豆腐と精進料理のセットも人気。🈺10:00～16:30LO 🈑なし ☎075-462-4742

❾ ワンダア カフェ
ブリキのおもちゃなどレトロ雑貨やコミックに囲まれたカフェ。アイスクリームてんこ盛りの自家製シュークリームが人気。🈺11:30～21:00LO 🈑火曜（祝日は営業）☎075-465-2468

❿ 御室さのわ
京都の名水「京見峠の山水」を使い、丁寧に淹れられた日本茶と、シナモン・ナツメグ・ラズベリージャムのハーモニーが絶妙なオーストリアの焼菓子「さのわ」などのスイーツが楽しめる。🈺10:00～18:00 🈑月曜 ☎075-461-9077

詩仙堂・曼殊院門跡

市内からほど近いのに、静寂な田園風景や山荘の佇まいを残す寺院の庭園美が楽しめるエリア。◆叡山電鉄「一乗寺駅」

寺社

❶詩仙堂
徳川家康に仕えた文人、石川丈山の隠棲庵。幕府の軍律に背いたとされた後、この山中から一歩も出ずに半生を過ごしたといわれる。山の斜面や谷間を活かした庭は梅、サツキ、紅葉と四季折々に楽しめる。[開]9:00～16:45　☎075-781-2954

❷曼殊院門跡
皇族が代々の住職を務めた洛北屈指の名刹。桂離宮を思わせる簡素で荘厳な建築と優美な枯山水庭園、狩野探幽の襖絵がある大書院など見どころ多数。[開]9:00～16:30　☎075-781-5010

❸修学院離宮
桂離宮と並ぶ江戸初期の代表的山荘。後水尾上皇の山荘として造営。離宮内で最も高い位置にある上御茶屋は、大池を中心とした大パノラマの回遊式庭園。東は鞍馬から西は愛宕まで絶景が楽しめる。事前に参観申し込みが必要。
☎075-211-1215

❹圓光寺
徳川家康が足利学校の僧を招いて、圓光寺学校としたのが起源。現存する最古の木版活字を所蔵する臨済宗南禅寺派の寺院。洛北最古の栖龍池があり「十牛之庭」も見事。[開]9:00～16:00
☎075-781-8025

❺金福寺
松尾芭蕉や与謝蕪村が訪れた禅寺。井伊直弼に仕え、小説のヒロインで知られる村山たか女が尼になって生涯を終えた寺でもあり、遺品も残る。[開]9:00～16:30　[休]1月16～31日、8月5～20日、12月30・31日　☎075-791-1666

❻鷺森神社
平安時代の創建で、修学院一帯の産土神。境内には触れると夫婦和合や良縁を授かる「八重垣」の石がある。参道の紅葉も美しい。[開]境内自由
☎075-781-6391

買う

❼恵文社 一乗寺店
スタッフ選りすぐりのアートやカルチャー本のハイセンスなセレクトショップに留まらず、本とリンクするように置かれた世界中の雑貨やCD、DVDなどもあり、1日いても飽きないカルチャー発信基地。[営]10:00～22:00　[休]なし　☎075-711-5919

ひと休み

❽一乗寺 中谷
「でっち羊羹」で有名な老舗和菓子店だが、元パティシエールの若女将がつくる和スイーツが女性に人気。おみやげにピッタリの和風マカロンなどもある。食事もできるカフェスペースあり。[営]9:00～19:00（18:00LO）　[休]水曜　☎075-701-5504

❾弁天茶屋
曼殊院門跡・弁天堂境内にある、京風だしではんなり炊き上げたゆば料理の店。「ゆばうどん」「ゆばそば」各1000円、「ゆば丼」1200円など。甘味もあり。[営]11:00～17:00　[休]なし　☎075-711-5665

下鴨神社

原生林が生い茂る「糺の森」、高野川と賀茂川が出会う河川敷は、自然の中でゆったり過ごせる。◆市バス「下鴨神社前」

寺社

❶下鴨神社
東西2棟の本殿（国宝）と53棟もの社殿があり、上賀茂神社と並ぶ京都最古の神社。参道沿いに広がる「糺の森」は、約12万㎡に樹齢200～600年の原生林が生い茂る市民の憩いの場。開6:30～17:00（糺の森は自由）☎075-781-0010

❷河合神社

下鴨神社の境内にあり、『方丈記』の鴨長明ゆかりの神社。美人祈願の「鏡絵馬」が人気で、顔が描かれた絵馬に自分の化粧道具でメイクが施せる。開6:30～17:00 ☎075-781-0010

買う

❸出町ふたば
行列ができる「名代豆餅」170円が名物。上品な甘さのこし餡をつきたて餅で包み、赤えんどう豆の塩気が絶妙。営8:30～17:30 休火曜、第4水曜 ☎075-231-1658

ひと休み

❹下鴨デリ

色鮮やかな野菜たっぷりのデリが約20種類並ぶカフェ。メインとデリ3種を選ぶ「下鴨デリセット」970円～が人気。営11:00～19:00LO 休水曜 ☎075-702-3339

❺加茂みたらし茶屋　是非！
下鴨神社の御手洗川の水泡をかたどった「みたらし団子」発祥の茶屋。秘伝の黒糖ダレとこんがり焼いた団子が絶妙。営9:30～18:30LO（土日祝～19:30LO）休水曜 ☎075-791-1652

❻みつばち
千葉県産の天草を2時間煮込む「寒天」、沖縄産の黒糖で作る「黒みつ」を使った「あんみつ」が人気の甘味処。夏はかき氷も評判。営11:00～18:00（売り切れ次第閉店）休日・月曜 ☎075-213-2144（P153参照）

上賀茂神社

神社に仕える社家の町並みやや、紅しだれ桜や紅葉が美しい「半木の道」など散策も楽しめる。◆市バス「上賀茂神社前」

寺社 temples&shrines

❶上賀茂神社(かみがもじんじゃ)

国宝の本殿・権殿、社殿34棟が建ち、賀茂別雷大神を祀る京都最古の神社。紅白のしだれ桜も必見。[営]楼門より内部は8:00～17:00（11～3月8:30～）☎075-781-0011

❷大田神社(おおたじんじゃ)

上賀茂神社の境外摂社。平安時代よりカキツバタの名所として知られ、参道脇にある小さな沢池「大田ノ沢」には約2万5000株が群生する。見ごろは5月中旬～下旬。[営]境内自由 ☎075-781-0011

歩く step

❸半木の道(なからぎのみち) 春・秋に

春は紅しだれ桜のトンネルが、秋は紅葉が美しい賀茂川沿いの散策路。川のせせらぎが心安らぐ憩いの場。

買う shopping

❹神馬堂(しんめどう)

甘さ控えめの備中のつぶ餡を、つきたての餅で包み、鉄板の上でこんがりキツネ色に焼かれた「やきもち」1個120円が名物。[営]7:00～午前中（売り切れ次第閉店）[休]水曜 ☎075-781-1377

❺御すぐき處 京都なり田

社家造りの店内に、京野菜の漬物が並ぶ老舗の本店。300年の伝統製法で作られる上賀茂特産のすぐき菜を天然塩だけで乳酸発酵させた「すぐき」がおすすめ。[営]10:00～18:00 [休]なし ☎075-721-1567

食事 gourmet

❻今井食堂

40年継ぎ足し続けた煮汁で炊かれる「さば煮」が人気で、今では上賀茂名物。お弁当もあり。[営]11:00～14:00 [休]水曜（土日祝は弁当販売のみ）☎075-791-6780

大徳寺・西陣

京都の庭園文化を物語る大徳寺、町家めぐりも楽しい織物の町・西陣をのんびり、そぞろ歩き。◆市バス「大徳寺前」

寺社

❶ 大徳寺

一休禅師が再興した臨済宗大徳寺派の大本山。22ある塔頭のうち4つの院が常時公開され、楓の紅葉が美しい「高桐院」、杉苔の名園をもつ「龍源院」、重森三玲作庭の3つの庭がある「瑞峯院」、日本最古の方丈建築と室町時代最高峰の枯山水庭園で有名な「大仙院」など、それぞれに味わい深い。開境内自由（塔頭により拝観時間は異なる）。☎非公開

❷ 今宮神社

平安京のはやり病を鎮めるために建立された神社。健康祈願や玉の輿祈願に訪れる参拝客が多く、厄除けにご利益のある「やすらい人形」も人気。毎月1日（5月休）に境内で手作りフリーマーケットを開催。開境内自由　☎075-491-0082

ミュージアム

❸ 西陣くらしの美術館 冨田屋
西陣の呉服問屋の姿が残る築130年の町家にて、お茶席体験や季節の行事など京都の伝統文化が体験できる。営9:00〜17:00　休なし　☎075-432-6701

買う

❹ 京都 おはりばこ

西陣織の糸問屋だった大正元年築の京町家で、職人がひとつずつ手作りする和布のつまみかんざしと、和小物の店。「つまみ細工体験」もある。営11:00〜18:00　休水曜・第3火曜　☎075-495-0119

❺ 吉廼家
創業昭和元年の和菓子屋。『お伽草子』を小さな和菓子で表現した「おとぎ草子」など、愛らしい手作りの和菓子は京土産にもピッタリ。営9:00〜18:00　休不定休　☎075-441-5561

❻ UCHU wagashi

和三盆糖を使った伝統的な落雁に、新しいデザインやフレーバーを巧みに組み合わせ、見た目も彩りもカワイイ商品を手作りする店。営10:00〜18:00　休月曜　☎075-201-4933

ひと休み

❼ かざりや
味わって
今宮神社参道の名物「あぶり餅」一人前500円。小さな餅を紀州備長炭の炭火であぶり、香ばしい白味噌のタレが絶品。疫病除けのご利益もあるとか。営10:00〜17:00　休水曜　☎075-491-9402

❽ CAFÉ DU MON

大徳寺正門前のカフェレストラン。京都とヨーロッパの食材を使ったメニューが自慢。お土産の新定番「大徳寺カヌレ」650円（8個入り）もおすすめ。営10:30〜19:30　休水曜　☎075-492-7837

❾ さらさ西陣

唐破風屋根も見事な大正時代の銭湯をそのまま利用したカフェ。格天井、大正ロマン漂う和製マジョリカタイルが美しい。週替わりのランチや麺、ごはんもの、グラタンなど食事メニューも充実。営12:00〜22:00LO　休水曜　☎075-432-5075

嵐山・嵯峨野

平安貴族も愛した人気の景勝地。桜、紅葉、初冬のライトアップなど季節ごとに楽しめる。
◆ JR 山陰本線「嵯峨嵐山駅」

寺社

❶天龍寺

臨済宗天龍寺派の大本山で、京都五山第一位の格式を持つ。嵐山・亀山を借景にした夢窓疎石作庭の曹源池庭園は、雄大な美景で知られる名庭。🈺8:30～17:30（10月21日～3月20日～17:00）
☎075-881-1235

❷野宮神社

野宮竹と呼ばれる竹林に囲まれ、『源氏物語』にも登場する古社。伊勢神宮の斎宮に選ばれた皇女が身を清めた神聖な場所で、良縁祈願の神社として知られる。🈺9:00～17:00　☎075-871-1972

❸祇王寺

楓と竹林に囲まれた草庵で、平清盛の寵愛を受けた白拍子の祇王が、清盛の心変わりで都を追われ、母と妹とともに出家した悲恋の尼寺。苔庭の紅葉がとくに美しい。🈺9:00～16:30　☎075-861-3574

❹滝口寺

『平家物語』に登場する滝口入道と、建礼門院の侍女横笛の悲恋で知られる寺。紅葉の穴場スポットでもある。🈺9:00～17:00　☎075-871-3929

見る

❺落柿舎
松尾芭蕉の高弟・向井去来の閑居跡。『奥の細道』の旅後であった芭蕉もこの地に逗留し、『嵯峨日記』を記したという。茅葺の庵にたわわに実る柿と紅葉が見られる秋は格別。🈺9:00～17:00（1・2月10:00～16:00）　☎075-881-1953

❻大河内山荘庭園

「丹下左膳」など大正・昭和の映画スター大河内傳次郎が小倉山の南斜面に、約30年かけて造った山荘の庭園。桜や楓などを配した回遊式の日本庭園で、眼下には洛西の町並みも楽しめる。🈺9:00～17:00　☎075-872-2233

❼竹林の道
野宮神社から大河内山荘庭園まで、約400mに渡り青竹が生い茂る小路。京都を代表する景観で、散策におすすめ。

食事＆ひと休み

❽嵐山よしむら

渡月橋のたもとにあり、嵐山ならではの景観が楽しめるそば処。国産のそばの実を石臼で挽く二八そばや十割そばなど、繊細な手打ちそばが楽しめる。🈺11:00～17:00（季節により変動）　🈁なし　☎075-863-5700

❾Cafe 花しるべ

嵐山名物さくら餅の老舗「琴きき茶屋」の姉妹店。店内の窓からは渡月橋も眺められ、さくら餅入りの「さくらパフェ」などがある。🈺10:00～17:00　🈁木曜　水曜不定休　☎075-861-0184

❿京都 嵐山温泉 湯浴み処 風風の湯

歴史ある嵐山温泉で初の外湯利用ができる施設。疲労回復などに効果がある弱アルカリ性の単純温泉で、野趣あふれる露天風呂やミストサウナなどもある。🈺12:00～21:30　🈁なし　☎075-863-1126

松尾

酒の神様・松尾大社、願いをひとつ叶えてくれる鈴虫寺、世界遺産の苔寺など人気寺社が集結。◆市バス「松尾大社前」

⛩ 寺社

❶松尾大社(まつおおたいしゃ)

大宝元年（701）年創建の古社。良質な地下水が豊富な地で、涸れることのない霊亀の滝や、延命長寿の霊泉・亀の井などがあり、醸造業者の信仰が厚い。全国の造酒から奉納された酒樽も境内に並ぶ。開境内自由（神像館・松風苑9:00〜16:00、日祝〜16:30）☎075-871-5016

❷鈴虫寺(すずむしでら)

正式名称は「華厳寺」だが、一年中、鈴虫の声が聞こえることから「鈴虫寺」の愛称で呼ばれる。僧侶のユニークな「鈴虫説法」と、どんな願い事でもひとつだけ叶えてくれる「幸福地蔵」が人気。開9:00〜16:30 ☎075-381-3830

❸西芳寺（苔寺）(さいほうじ・こけでら)

奈良時代に創建された古刹。作庭家としても名高い夢窓疎石が造った、約120種類もの苔に覆われた庭が有名。枯山水の上段、池泉回遊式の下段と、異なる趣きの二段構えになっている。庭園参観の前に読経に参加する決まりがある。開事前申し込みが必要 ☎075-391-3631

❹地蔵院(じぞういん)

夢窓疎石開山の禅寺。参道や境内に美しい竹林があることから、「竹の寺」と呼ばれている。枯山水庭園の「十六羅漢の庭」もある。開9:00〜16:15 ☎075-381-3417

❺梅宮大社(うめのみやたいしゃ)

醸造守護、子授け・安産にご利益のある神社。夫婦一緒に祈祷を受けた後、本殿横のまたげ石をまたぐと、子宝に恵まれるといわれている。梅の名所。開9:00〜17:00 ☎075-861-2730
→P17参照

大原

深山にして幽谷な佇まいと、里人の優しさ。『平家物語』ゆかりの地へいざ、タイムスリップ。◆京都バス「大原」

⛩ 寺社

❶ 三千院
さんぜんいん

天台五門跡のひとつで、梶井御殿とも呼ばれる。極楽の花園に囲まれた阿弥陀三尊像（国宝）や、作家の井上靖が「東洋の宝石箱」と賞賛した苔庭の「有清園」と「聚碧園」は必見。開8:30～17:00（12～2月～16:30）　☎075-744-2531

❷ 実光院
じっこういん

「大原問答」で知られる「勝林院」の子院。池泉回遊式庭園では初秋から春にかけて咲く不断桜を見ながら、抹茶がいただける。開9:00～16:30　☎075-744-2537

❸ 来迎院
らいごういん

経に音曲をつけて唱える天台声明魚山流を集大成した良忍上人の修練道場。杉木立に囲まれた本堂では、藤原時代の如来三尊像が拝観できる。開9:00～17:00　☎075-744-2161

❹ 宝泉院
ほうせんいん

勝林院の塔頭。客殿の西方、柱と柱の空間を額縁に見立て、一幅の絵のような景色が楽しめる「額縁庭園」で知られる。桜、大原小菊、桔梗、彼岸花と四季折々の花を愛でながら抹茶もいただける。開9:00～16:45　☎075-744-2409

❺ 寂光院
じゃっこういん

『平家物語』にも描かれた古刹。平清盛の娘で、高倉天皇の皇后となった建礼門院が終生、平家一門の冥福を祈った地。墓所とされる大原西陵もある。開9:00～17:00（12～2月～16:30）　☎075-744-3341

👜 買う

❻ 志ば久

大原の名水と自家栽培のシソを使った大原名物「しば漬け」の老舗。平安時代からの伝統製法で作られる「赤志ば」「青志ば」などお土産にピッタリ。開8:30～17:30　休なし　☎075-744-2226

鞍馬・貴船

天狗や牛若丸で知られる鞍馬、夏の涼処の貴船。鞍馬川、貴船川が流れる京都奥座敷の風情を堪能。◆叡山電鉄「鞍馬駅」、バス「貴船」

寺社&史跡 temples&shrines

❶鞍馬寺（くらまでら）

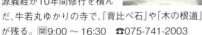

源義経が10年間修行を積んだ、牛若丸ゆかりの寺で、「背比べ石」や「木の根道」が残る。[開]9:00～16:30 ☎075-741-2003

❷由岐神社（ゆきじんじゃ）

鞍馬寺本殿への途中にあり、10月22日に行われる「鞍馬の火祭」で有名。本殿前の狛犬は重文。[開]9:00～16:00 ☎075-741-1670

❸貴船神社（きふねじんじゃ）

水の神様。また、平安時代の歌人和泉式部が参拝し、夫の愛を取り戻したことで、縁結びの神様としても信仰を集める。水に浸すと文字が現れる水占みくじは人気。[開]9:00～16:30（社務所）☎075-741-2016

食事&ひと休み gourmet&break time

❹雍州路（ようしゅうじ）

鞍馬寺御用達の精進料理店。鞍馬の名水で作る胡麻豆腐をはじめ山菜料理など10品付く「鞍馬山精進膳」をはじめコースは3種類。[営]10:00～18:00 [休]火曜（祝日の場合は営業、8・11月は無休）☎075-741-2848

❺多聞堂（たもんどう）

栃の実が入った「牛若餅」は鞍馬名物。「神虎餅」や「蓬だんご」も人気。創業80年。[営]9:30～17:00 [休]水曜 ☎075-741-2045

❻鳥居茶屋

実山椒と一緒に煮たアユをご飯にのせる「あゆ茶漬」が名物。四季折々の景色を眺めながらどうぞ。夏は別館で川床料理が楽しめる。[営]11:30～18:00 [休]火曜（祝日の場合は営業、6～8月・11月は無休）☎075-741-2231

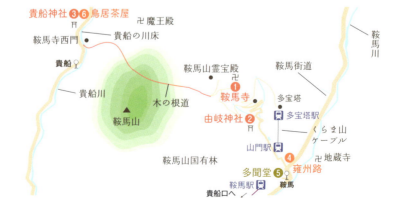

伏見

酒蔵と龍馬ゆかりの地として有名な伏見。龍馬商店街もあり、ぶらぶら散策に最適。
◆京阪本線「中書島駅」か「伏見桃山駅」

寺社&史跡

❶御香宮神社（ごこうのみやじんじゃ）
約千年前のこと、香りのよい水が沸き、病気に効くということからこの名を賜った。小堀遠州の庭と、小堀遠州が褒めた見事な椿は必見。[開]石庭／9:00～16:00　[休]不定休　☎075-611-0559

❷寺田屋
1862年の「寺田屋事件」で知られる、坂本龍馬定宿の宿。事件当時の刀傷、龍馬の部屋も現存。[開]10:00～15:40　[休]月曜不定休　※素泊まり1泊6500円　☎075-622-0243

食事&カフェ

❸伏見夢百衆（ふしみゆめひゃくしゅう）
大正建築が目を引く外観。レトロな空間で伏見の名水で淹れた珈琲が味わえ、観光案内、みやげ店も兼ねたカフェ。伏見の清酒の利き酒もできる。[営]10:30～16:30LO（土日祝～17:30）　[休]月曜（祝日の場合は営業）　☎075-623-1360

❹京の台所 月の蔵人（くらびと）
酒蔵の風情が味わえる月桂冠経営のレストラン。1品1品にこだわった料理が並び、おすすめは豆冨。ランチメニューも充実。[営]11:00～22:30 LO　[休]なし　☎075-623-4630

酒蔵のある風景を堪能
濠川と酒蔵の風景は観光ポイント。桜、そして新緑の季節は目にも鮮やかだ。歩いて見るのもいいが、十石舟にゆられて、水辺から眺める風情はまたいい。十石舟は、江戸時代に活躍した伏見舟を再現した観光船。濠川をゆっくり進む約1時間の旅になる。[十石舟]営10:00～16:20　[休]月曜　※営業時間・休日は時期により異なる。☎075-623-1030

長建寺（ちょうけんじ）
京都で一番早く咲くしだれ桜でも知られる長建寺は、宝貝お守りやおみくじでも有名。[開]9:00～16:00　☎075-611-1039

宇治

茶の里として知られる宇治だが、風光明媚なところから平安時代には貴族たちの別荘地となり、源氏物語「宇治十帖」の舞台としても知られる。◆ JR「宇治駅」

⛩ 寺社

❶平等院
光源氏のモデルといわれる源融の別荘が時を経て藤原頼通の手に渡り、寺院に改められたのが「平等院」。法華堂、多宝塔を造営し、この世に極楽浄土を再現したが、弥陀堂(鳳凰堂)以外は戦火で消失。阿弥陀如来坐像(国宝)は鳳凰堂で、鳳翔館では金銅鳳凰(国宝)や雲中供養菩薩像が拝観できる。桜、藤の季節がいい。世界遺産　庭園8:30〜17:30(最終受付は15分前)鳳凰堂・鳳翔館は異なる。
☎0774-21-2861

❷宇治上神社
本殿と邸宅風の拝観はどちらも国宝で、平安後期に造られた本殿は、現存する最古の寺社建築といわれる。『源氏物語』ゆかりの碑も必見。世界遺産　開8:00〜16:30　☎0774-21-4314

🏛 ミュージアム

❸宇治市源氏物語ミュージアム

世界で唯一の『源氏物語』に関するミュージアム。光源氏の生活を再現する部屋、宇治十帖の世界を描く部屋、そして映像展示室では映画を上映。図書室、喫茶コーナーもある。開9:00〜17:00(入館は〜16:30)
休月曜(祝日の場合は翌日)　☎0774-39-9300

❹宇治・上林記念館
江戸時代に朝廷と幕府の御用茶師を務めた上林家に伝わる、お茶に関する資料が保管されている記念館。
開10:00〜16:00　休金曜
☎0774-22-2513

三室戸寺
❾ 卍

抹茶のスイーツでひと休み

❺ 中村藤吉本店

平等院店の生茶ゼリイ

江戸末期創業の茶の老舗。歴史を感じる茶問屋建築は一見の価値あり。カフェの一番人気は、抹茶ゼリーと抹茶アイス、白玉が贅沢に盛られた「生茶ゼリイ」。平等院店では宇治川を望みながらいただける。営カフェ11:00～17:00LO 休なし ☎0774-22-7800

❻ お茶の通園

平安時代から高貴な人に茶をふるまっていたという老舗。ボリューム満点の抹茶パフェや茶団子を、宇治川を望みながらどうぞ。営10:00～17:30 休なし ☎0774-21-2243

茶体験

❼ 市営茶室 対鳳庵

平等院から徒歩5分、本格的茶室で手軽にお茶体験ができる。約20分。隣の観光センターで茶券を購入。500円 開10:00～16:00 休なし ☎0774-23-3334

❽ 福寿園 宇治茶工房

茶の老舗「福寿園」が開いた「手もみ茶作り」「石臼で抹茶作り」「茶器作り」などを体験できる工房。それぞれ時間も料金も異なり、要予約。喫茶館では抹茶スイーツや茶料理がいただける。開10:00～17:00（喫茶館11:00～）休月曜（祝日の場合は翌日）☎0774-20-1100

足を延ばして

❾ 三室戸寺 (みむろとじ)

京阪宇治駅の次が三室戸寺駅。花の寺として知られ、4月は桜、5月は2万株のサツキ、6月は1万株の紫陽花、夏は蓮の花、そして紅葉。ライトアップされた花の姿も見逃せない。1805年の建立。開8:30～16:00 ☎0774-21-2067

❸ 宇治市源氏物語ミュージアム
大吉山風到公園
❷ 宇治上神社
宇治神社
興聖寺
❽ 福寿園 宇治茶工房
十三重石塔

宇治橋、朝霧橋

宇治橋のたもとには、『源氏物語』の作者、紫式部の像がある。また、橘島と宇治上神社に向かう朝霧橋の右岸には、『源氏物語 宇治十帖』で有名な匂宮と浮舟が橘の小島へ渡るシーンを再現したモニュメントがある。どちらも、宇治川を挟んで広がる景色は四季折々に美しい。

宇治橋から朝霧橋を望む

「日本かおり風景百選の道」

宇治川沿いの道で、平等院参道に通じる道は「日本かおり風景百選の道」に選ばれている。なるほど、1歩足を踏み入れると、お茶のいい香りが鼻孔をくすぐり、「さすが宇治」を実感する。軒を連ねる茶舗をのぞきながら行くと、やがて平等院に至る。

京都迷宮案内 〜路地を歩く〜

1 木屋町通

新旧の名店揃い
大人の夜の街

❶御料理 めなみ
創業76年の老舗。カウンターに大鉢が15品ほど並び、おばんざいがリーズナブルにいただける。営17:00〜22:30LO　休日曜　☎075-231-1095

❷公長齋小菅 京都本店
明治31年（1898）創業の竹製品の老舗。箸、へら、フォークなどお土産向きの商品もある。営10:00〜20:00　休なし　☎075-221-8687

❸喫茶ガボール
ヨーロッパの劇場の楽屋をイメージしたレトロモダンなカフェ。営15:00〜翌1:00（土日12:00〜）　休水曜　☎075-211-7533

❹seisuke88

西陣の帯地の柄を現代風にアレンジしたバッグや小物がカワイイ。営11:00〜20:00　休月曜（祝日は営業）　☎075-211-7388

❺酢屋
坂本龍馬と海援隊をかくまった材木商。龍馬が住んだ2階は公開ギャラリーに。営10:30〜19:30（ギャラリー〜17:00）　休水曜　☎075-211-7700

❻れんこんや
江戸時代の町家を活かしたおばんざいの老舗。営17:00〜23:00LO　休日曜（月曜が祝日の場合は月曜振替休）　☎075-221-1061

❼喫茶ソワレ

昭和23年（1948）創業。淡いブルーの照明がロマンティックな老舗カフェ。営12:30〜21:30　休月曜（祝日の場合は翌日休）　☎075-221-0351

❽nikiniki
好みの生八ツ橋に季節の餡やコンフィなどを組み合わせた新感覚な八ツ橋が女性に人気。営11:00〜19:00　休不定休　☎075-254-8284

2 新町通

京町家の暮らしを垣間見る

❶ 大西清右衛門美術館

約400年の伝統を受け継ぐ釜師大西家のコレクションをもとに、茶の湯文化を伝える。営10:00〜16:00 休月曜（祝日の場合は翌日）☎075-221-2881

❷ 紫織庵

京のじゅばん＆町家の美術館。営10:00〜17:00 休火曜（不定休）☎075-241-0215

❸ 六角館さくら堂KYOTO

古い京町家を改装した化粧筆専門店。営11:30〜18:00 休不定休 ☎075-221-2121

❹ 百足屋 本店

元・呉服商の町家を再生し、旦那衆のもてなし料理「おばんざい懐石」がいただける。営11:00〜14:00LO、17:00〜21:00LO 休水曜 ☎075-256-7039

3 膏薬辻子

石畳をそぞろ歩き
京の風情を味わう

四条通から綾小路通まで続く細い道が「膏薬辻子」。ゆっくり歩いても10分ほどで、通り抜けてしまう。京都では通り抜けができる細い道を辻子（図子）というそう。石畳が敷かれ、道の両側には町家が軒を連ね、京都らしい風情を醸し出しているが、整備されたのは最近とか。この地域は、皇后を何代も排出した大納言藤原公任（ふじわらのきんとう）の邸宅である四条宮のあった場所。

道の名前の由来や歴史は、ぜひ訪ねて確かめて。食事処、喫茶店、レンタルの着物屋さん、そして木版手摺「竹笹堂」の大きな暖簾が目に飛び込んでくる（p159参照）。
四条通から入り綾小路通に出て、左に折れると、重要文化財に指定されている杉本家住宅がある。見学には予約が必要。

杉本家住宅

その他の 寺社MAP ⛩

大原野周辺

❶ 善峯寺（4月）　❷ 正法寺（2月）　❸ 十輪寺（6月）
❹ 長岡天満宮（1月、2月）　❺ 城南宮（2月、4月、6月、11月）

大原野って…

P33でも紹介した「善峯寺」をはじめ、桜や紅葉など花の名所として知られる大原野。梅の名所であり、鳥獣の石庭と紅しだれ桜が美しい「正法寺」、樹齢約200年の「なりひら桜」が有名な「十輪寺」など。近くには西行ゆかりの花の寺「勝持寺」、「千眼桜」の「大原野神社」もある。少し足をのばすとキリシマツツジの名所「長岡天満宮」、『源氏物語』で登場する花々が楽しめる「城南宮」もあり、見どころ満載。◆JR東海道本線「向日町駅」

観光エリアから少し離れたところにも「古都の歳時記」に登場する寺社がある。
行事の折には足を延ばして訪ねてみては。

※各寺社に記載されている「月」は行事月で、行事についてはその月のページを参照。

西院春日神社（1月、4月）
壬生寺（4月）

醍醐寺（2月、4月、8月、12月）
隨心院（2月、3月）
法界寺（1月）

広隆寺（1月）

三寶寺（12月）

因幡堂（平等寺）（2月）

瑞光院（12月）

了徳寺（12月）

岩清水八幡宮（4月、9月）

志古淵神社（8月）

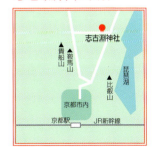

花ごよみ

寺社の庭、茶室の露地、町家の坪庭。
古都で出会う季節の花々は、
京都をめぐる楽しみのひとつ。
四季折々の花を愛でに、さあ出かけよう。
※開花時期は年により変動するので、
事前に問い合わせを。
※寺社名のあとの英文字はエリアを示す
（P94参照）

春 3～5月
いにしえ人も愛した花々の息吹で
悠久の都がいちだんと華やぐ

桜▶P26参照

京都御苑

桃
＊京都御苑〈M〉・金戒光明寺〈K〉・永観堂〈K〉
3月中旬～4月上旬

三室戸寺

シャクナゲ
＊龍安寺〈O〉
　3月下旬～4月中旬
＊三千院〈U〉
　4月中旬～5月上旬
＊実光院〈U〉
　4月中旬～5月下旬
＊随心院〈map.p141〉
　4月上旬～5月上旬
＊三室戸寺〈X〉
　4月中旬～5月中旬

木蓮	＊妙蓮寺〈R〉／3月上旬～下旬　＊京都御苑〈M〉／3月中旬～4月下旬
雪柳	＊龍安寺〈O〉・哲学の道〈K〉・吉田神社〈J〉／4月上旬～中旬
牡丹	＊本満寺〈Q〉／4月中旬～5月上旬　＊乙訓寺〈長岡京市〉／4月下旬～5月上旬

長岡天満宮

平等院

霧島ツツジ
＊長岡天満宮〈map.p140〉
　4月下旬
＊隨心院〈map.p141〉・曼殊院門跡〈P〉
　4月下旬～5月上旬

藤
＊平等院〈X〉・城南宮〈map.p140〉・妙心寺退蔵院〈O〉
　・詩仙堂〈P〉
　4月下旬～5月上旬

シャガ	＊貴船神社〈V〉／4月中旬～5月上旬　＊愛宕念仏寺〈S〉／4月中旬～5月中旬 ＊京都御苑〈M〉／4月下旬～5月上旬
ツツジ	＊城南宮〈map.p140〉／4月中旬～5月中旬 ＊西本願寺〈A〉・梅宮大社〈T〉・神泉苑〈M〉・下鴨神社〈Q〉／4月下旬～5月上旬 ＊三室戸寺〈X〉／4月下旬～5月中旬　＊妙満寺〈左京区〉・地主神社〈C〉／5月上旬～中旬
サツキ	＊等持院〈O〉／5月上旬～6月上旬　＊八坂神社〈E〉／5月中旬～6月上旬 ＊詩仙堂〈P〉・安楽寺〈K〉・金福寺〈P〉・梅宮大社〈T〉／5月下旬～6月上旬 ＊東福寺〈A〉／5月下旬～6月下旬　＊善峯寺〈map.p141〉／6月上旬～中旬
アヤメ(一初)	＊上御霊神社〈Q〉／4月下旬～5月上旬　＊得浄明院〈E〉／5月上旬
花菖蒲	＊長岡天満宮〈map.p140〉／5月上旬～下旬　＊勧修寺〈山科区〉／5月下旬～6月上旬 ＊梅宮大社〈T〉／5月下旬～6月中旬　＊平安神宮〈L〉／6月上旬～中旬 ＊法金剛院〈右京区〉／6月中旬～下旬
カキツバタ	＊平安神宮〈L〉／5月上旬～下旬　＊大田神社〈Q〉／5月中旬～下旬 ＊實光院〈U〉／5月中旬　長岡天満宮〈map.p140〉／5月中旬～6月上旬
睡蓮	＊平安神宮〈L〉／5月中旬～9月上旬　梅宮大社〈T〉／5月下旬～8月中旬 ＊龍安寺〈O〉／6月上旬～8月下旬　大野原神社〈map.p140〉／6月中旬～7月中旬

夏 6~8月
艶やかな緑に縁取られた花姿が都にすずやかな涼を呼ぶ

法金剛院

東福寺 天得院

蓮
* 天龍寺〈S〉
  6月下旬～8月上旬
* 三室戸寺〈X〉・相国寺〈Q〉
  7月上旬～8月上旬
* 法金剛院〈右京区〉・勧修寺〈山科区〉・長岡天満宮〈map.p140〉
  7月上旬～8月中旬
* 平等院〈X〉
  7月下旬～8月中旬

桔梗
* 清明神社〈M〉
  6月上旬～9月中旬
* 東福寺 天得院〈A〉
  6月中旬～7月中旬
* 智積院〈B〉
  6月中旬～8月中旬
* 谷性寺〈亀岡市〉
  6月下旬～8月初旬
* 廬山寺〈M〉
  6月中旬～9月下旬

アジサイ	*藤森神社〈伏見区〉・梅宮大社〈T〉／6月上旬～7月上旬 *三室戸寺〈X〉・京都府立植物園〈Q〉／6月上旬～下旬 *三千院〈U〉・善峯寺〈map.p141〉／6月中旬～7月上旬
半夏生	*大覚寺〈S〉・等持院〈O〉／6月上旬～7月上旬 *建仁寺 両足院〈F〉／6月中旬～7月中旬
沙羅双樹	*寂光院〈U〉・城南宮〈map.p140〉／6月上旬～7月初旬　*妙心寺 東林院〈O〉／6月中旬～下旬
ムクゲ	*真如堂〈J〉／7月中旬～9月中旬　*西林寺〈R〉／8月上旬～9月下旬
芙蓉	*妙蓮寺〈R〉／7月下旬～10月下旬　*天龍寺〈S〉／8月上旬～9月下旬 *法住寺〈B〉／8月中旬～10月上旬　*法輪寺〈S〉／8月下旬～9月中旬
シュウカイドウ	*三千院〈U〉／8月下旬～9月中旬　*貴船神社〈V〉／8月下旬～9月下旬 *寂光院〈U〉／9月上旬～10月下旬

9〜11月 秋

風に揺れる可憐な花々が
錦秋の古都にひっそりと息づく

紅葉▶P82参照

萩

梨木神社

＊上賀茂神社〈Q〉
8月下旬〜9月上旬
＊梨木神社〈M〉
9月下旬〜10月中旬
＊平安神宮〈L〉・常林寺〈Q〉・
迎称寺〈K〉・下鴨神社〈Q〉
9月中旬〜下旬

金木犀

地主神社

＊等持院〈O〉
10月上旬
＊地主神社〈C〉
10月上旬〜中旬
＊宝鏡寺〈R〉
10月上旬〜下旬

貴船菊（秋明菊）	＊金蔵寺〈西京区〉／9月中旬〜11月中旬　＊貴船神社〈V〉・善峯寺〈map.p140〉／10月上旬〜下旬　＊宗蓮寺〈北区〉／10月中旬〜下旬　＊三室戸寺〈X〉／10月〜11月
不断桜	＊実光院〈T〉・妙蓮寺〈R〉／11月〜4月
ツワブキ	＊高台寺 圓徳院〈D〉・蓮華寺〈O〉／10月上旬〜下旬　＊三千院〈U〉／10月中旬〜下旬　＊妙心寺 東林院〈O〉／10月下旬　＊東福寺 天得院〈A〉／10月下旬〜11月中旬

12〜2月 冬

寒さに耐えて凛と咲く姿が
春を待つ古都の静けさにふさわしい

梅▶P16参照

サザンカ

神光院

＊曼殊院門跡〈P〉
11月上旬〜1月下旬
＊城南宮〈map.p140〉
11月上旬〜12月下旬
＊神光院〈北区〉
11月中旬〜12月下旬
＊宗忠神社〈J〉
11月下旬〜1月下旬
＊神泉苑〈M〉
12月上旬〜1月下旬

椿

御香宮神社

＊妙蓮寺〈R〉
12月〜1月
＊真如堂〈J〉
1月〜4月
＊平岡八幡宮〈右京区〉
3月中旬〜4月上旬
＊御香宮神社〈W〉・地蔵院〈T〉
3月下旬〜4月上旬

千両	＊法然院〈K〉・法金剛院〈右京区〉・実光院〈U〉／12月上旬〜1月下旬　＊詩仙堂〈P〉／12月上旬〜2月下旬　＊妙心寺 東林院〈O〉／12月下旬〜2月下旬（見学は1月の特別公開日のみ）
南天	＊詩仙堂〈P〉／11月下旬〜3月中旬　善峯寺〈map.p140〉／12月上旬〜2月下旬　＊北野天満宮〈N〉・落柿舎〈S〉・東寺〈A〉・石峰寺〈A〉／1月上旬〜下旬

和菓子

京都の楽しみのひとつは「和菓子」、と、思っている人もきっと多いはず。おみやげにも和菓子はモテモテ。老舗も種類もとても多く、奥も深いのが京都。その一部を紹介しよう。

京都ならではの一品

京都の歴史や文化などを反映させた、京都ならではの和菓子。

＊「大＝大丸　伊＝伊勢丹　高＝高島屋」のデパートで購入できる。ただし、数が少ないので売り切れてしまう場合もある

味噌松風
松屋常盤 大

創業350年。明治天皇も昭和天皇もお好きだったという「味噌松風」は、創業以来今も変わらず一子相伝で守られている。☎075-231-2884
◆地下鉄烏丸線「丸太町駅」

清浄歓喜団
亀屋清永 大 伊 高

名前も金袋の形も京都一個性的といえそうだ。奈良時代に伝えられた供饌菓子で、1000年の歴史があるという。要予約 ☎075-561-2181
◆市バス「祇園」

道喜粽
川端道喜※

室町時代後期より続き、京都御所にもお出入りが許されていた老舗中の老舗。特製吉野葛で作られる「道喜粽」は、予約を。☎075-781-8117
◆地下鉄烏丸線「北山駅」

州浜
植村義次

祝い菓子といわれる「州浜」。京都で唯一専門に作っているのが、ここ。材料は水飴と砂糖、大豆の粉。くせになる味わいだ。☎075-231-5028
◆地下鉄烏丸線「丸太町駅」

どら焼き
笹屋伊織 大 伊

江戸末期に、東寺の僧侶から副食となる菓子の依頼で作ったという。一子相伝で伝えられ、販売は毎月20〜22日の3日のみ。☎075-371-3333
◆JR京都駅

麸嘉まんじゅう
麸嘉 伊 高

京料理に欠かせない麸一筋250年の麸嘉が作る「麸嘉まんじゅう」は、生麸で餡を包んだもの。つるんとした食感がいい。☎075-231-1584
◆地下鉄烏丸線「丸太町駅」

※デパートでは土・日曜のみ。店に注文して 大 伊 高 のデパートで受け取ることはできる。

こんぺいとう
金平糖
緑寿庵清水 伊高
創業以来の伝統を守り続け、日本でただ一軒の金平糖専門店が、ここ。職人技と時間が生み出す風味と味わいに、感動する。☎075-771-0755
◆京阪線「出町柳駅」

祇園ちご餅
三条若狭屋 大伊高
福を招くといういわれのあった、祇園祭の餅にちなんで創作された「祇園ちご餅」。甘く炊いた白味噌を求肥で包んだもの。☎075-841-1381
◆地下鉄東西線「二条城前駅」

やきもち
じんばどう
神馬堂
上賀茂神社といえば、ここの「やきもち」の名が出る。店頭で焼きながら販売しているので、焼き立ての香ばしさが味わえる。☎075-781-1377
◆市バス「御薗橋」

長五郎餅
長五郎餅本舗 大高
豊臣秀吉が開いた北野大茶会(1587年)に献上した餅が、これ。あまりのおいしさに、「長五郎餅」と秀吉から命名された。☎075-461-1074
◆市バス「北野天満宮前」

あぶり餅
いちわ
一和
今宮神社参道にあり、創業1000年という日本で一番古い茶店。名物「あぶり餅」は香ばしさと秘伝のタレで客が絶えない。☎075-492-6852
◆市バス「今宮神社前」

ときわ木
百万遍かぎや 大
京都にはありそうでない味がある。「ときわ木」もそのひとつか。餡を薄くのばし焼き上げたもの。茶菓としても人気が高い。☎075-761-5311
◆京阪線「出町柳駅」

茶寿器
ちゃじゅのうつわ
甘春堂 大
お抹茶が日常的に飲まれる京都だから生まれた干菓子が「茶寿器」。数回抹茶が点てられる。中には小さな菓子が入っている。☎075-561-4019
◆京阪線「京阪七条駅」

小豆の旬を大切にした餡だけの和菓子
風格ある佇まいは江戸時代から続く「亀末廣」。丹波大納言小豆の新物が出回る11月末から3月にのみ作られるのが、その名も「大納言」。大切に丁寧に作られた餡は、長さ8cmほどの竹の器に入っている。この姿も、さすが京都、またいい。☎075-221-5110　◆地下鉄烏丸線「烏丸御池駅」

季節をめでる

季節を大切にする京都。
その心が伝わる和菓子たち。

 お花見にちなんだ花見だんごを作る店は多く、京都らしいものに出会えるはず。

春満開
菓匠清閑院

うぐいす豆を散らした抹茶風味の浮島に、野花や蝶を彩りよく配し、春爛漫の京を表現した創作菓子。1月上旬〜4月中旬　☎075-762-6200
◆地下鉄東西線「蹴上駅」

松の翠(みどり)
紫野源水

薄氷張る大地から緑が芽吹く、そんな春の訪れを表現した「松の翠」。砂糖で衣がけした一口羊羹。松の幹に見立てている。☎075-451-8857
◆地下鉄烏丸線「北大路駅」

夏　京の夏の暑さを涼やかにしてくれるお菓子たち。色、形も涼やかだ。

浜土産(はまっと)
亀屋則克

「あ、のりかっつぁんや」と、京都人に愛さる涼菓。蛤の貝殻に琥珀羹と浜納豆が一粒。琥珀羹が涼やかだ。6〜9月中旬　☎075-221-3969
◆地下鉄烏丸線「烏丸御池駅」

夏柑糖
老松

夏柑特有の甘酸っぱさと香り、寒天の爽やかなのどごし。日本原種の夏蜜柑の味わいにこだわった逸品だ。4〜7月末頃　☎075-463-3050
◆市バス「北野天満宮前」

したたり
亀廣永

祇園祭の菊水鉾の茶会に出されていた献上菓子が、通年販売となった。琥珀色は目に涼やかで、黒砂糖の上品な甘さがいい。☎075-221-5965
◆地下鉄烏丸線「四条駅」

おゝきに
柏屋光貞

なんともかわいい、砂糖と寒天の半生菓子。まわりはシャリ、中はホワッ。プレーン、梅、柚子、黒糖の4つの味が色分けされる。☎075-561-2263
◆市バス「祇園」

和菓子を楽しむ
祇園祭

祇園祭は1ケ月続くだけに、京都の和菓子店でも祇園祭限定菓子を作るところがけっこうある。俵屋吉富「祇園囃子」、鶴屋吉信「こんちきちん」、中村軒「鉾ちまき」など、これはほんの一部。中でも有名なのは、柏屋光貞の「行者餅」。これは、祇園祭の宵山（7月16日）にのみ販売される。粉山椒の入った味噌餡入りで、山伏の衣をかたどったこの菓子は、厄除けとして200年ほど前に売りだされたそうだ。今では、事前予約ができる。

秋 しっとりと風情を味わう秋。特に栗のお菓子が目につく季節だ。

冬 お正月と豆まきの行事が、和菓子にも反映されてお楽しみが増す。

竹流し羊羹
二条駿河屋

竹から顔を出す水羊羹。創業540年の総本家駿河屋からのれん分けを許され、「竹流し羊羹」は本家伝来の味。4～9月末　☎075-231-4633
◆地下鉄烏丸線「丸太町駅」

こぐり
仙太郎

国産栗のみを使い、栗の形に手びねりし、焼いてみじん粉をまぶすといった手の込んだ一品。栗がとれる時期から12月頃まで　☎075-344-0700
◆阪急京都線「河原町駅」

お正月
末富

4色のパステルカラーに、羽子板・凧・干支の絵と寿の文字が烙印された麩焼きせんべいは、12月中旬～1月中旬限定　☎075-351-0808
◆地下鉄烏丸線「五条駅」

金魚鉢
幸楽屋

金魚が泳ぐ姿の菓子は他にもあるが、リアルさではダントツだろう。金魚と藻は餡で、金魚鉢は寒天。6～8月（予約を）　☎075-231-3416
◆地下鉄烏丸線「鞍馬口駅」

秋の山
亀屋良永

洛北のモミジとイチョウの紅葉の美しさを表現。モミジは落雁で、イチョウは州浜で。落雁「大原路」シリーズ。
☎075-231-7850　◆地下鉄東西線「京都市役所前駅」

福ハ内
鶴屋吉信

桃山生地に白餡を包んで、お多福豆の形に焼いた「福ハ内」は明治37年に4代目が考案。縁起がよいと人気だ。12～2月3日　☎075-441-0105
◆地下鉄烏丸線「今出川駅」

うまいもんMEMO

おばんざい、うどん、京野菜。京都旅の楽しみはやっぱりグルメ。ぶらり街あるきで見つけた「うまいもん」をご紹介。

栞栞カフェ (しおりしおり)   map.p118

迫力の万願寺とうがらし！

旬の京野菜カレー　1080円

真っ赤な万願寺とうがらしがドーンとのった京野菜たっぷりのカレーライス。ほどよい辛さの中にフルーティーな味わいがあって、なんだかクセになりそう。サラダつき。→p119参照

新福菜館 本店

濃厚なのにスッキリ♪

中華そば（並）　650円

昭和13年（1938）に屋台からスタートした京都ラーメンの老舗。旨味たっぷりの濃厚醤油スープが太麺にからんで、やみつきのおいしさ。たっぷり入ったチャーシューも美味。営7:30〜22:00　休水曜不定休　住京都市下京区東塩小路向畑町569　☎075-371-7648

進々堂 御池店   map.p119

朝のエネルギーチャージ！

スープモーニングセット　650円

京都の老舗ベーカリーカフェのモーニング。ミネストローネ、バターたっぷりのトースト、サラダがワンプレートでいただける。コーヒーまたは紅茶、ミルクなどが選べる。営7:30〜20:00（モーニング〜11:00）　休なし　☎075-213-3033

伊右衛門サロン京都   map.p110

ホカホカごはんがうれしい♪

IYEMONの朝ごはん　1026円

日本茶に合うごはんやスイーツが楽しめる店。大釜で炊くごはんと魚のおかずをセットにしたメニューや、薩摩赤玉の玉子かけごはんなど、京都らしい和の朝食メニューが人気。営8:00〜24:00（モーニング〜11:00）　休不定休　☎075-222-1500

蛸長 map.p106

お酒がすすむ、おでん！

おでん各種　平均予算5000円〜

食道楽で知られた作家・池波正太郎も通った老舗おでん屋。おでん種は定番のほか季節ネタも多数あり。鴨つくね、ロールキャベツ、夏は賀茂ノス、秋冬はセコガニなども。営17:30〜21:30（夏期18:00〜）　休水曜　☎075-525-0170

祇をん萬屋 map.p106

ねぎが柔らか〜い

九条ねぎうどん　1300円

農家から直接届く新鮮な九条ねぎが7〜8本は使うという、萬屋人気NO1の「九条ねぎうどん」。生姜のピリッとした味と香り、ねぎのしゃきしゃき食感、京のだしが見事に調和。（写真は油揚入り「えびなうどん」）営12:00〜20:00（日祝〜16:00）　休不定休　☎075-551-3409

和バル OKU map.p106

カウンターも坪庭もあり！

OKUおばんざい　2800円

京の名店として知られる花背の「美山荘」がプロデュースする、和モダンなバル＆カフェ。ご飯なら「OKUおばんざい」が人気。旬の魚や野菜で丁寧に作られた約6品を目と舌で味わう。営11:30〜22:00　休火曜　☎075-531-4776

お数家いしかわ map.p110

抹茶ビール！さすが京都

おばんざい

町家の格子戸をあけると、カウンターに並べられたおばんざいが、目に飛び込んでくる。万願寺唐辛子、牛麩など京ならではの素材を使ったおばんざいを、ひとりでも気軽に味わえるのがうれしい。営17:30〜23:00（日祝〜22:00）☎075-344-3440　休不定休

甘いもんMEMO

京都の旅に欠かせないのが、京都ならではの「甘いもん」。通年いただける和スイーツから、夏限定の話題の「かき氷」まで、たんと召し上がれ。

茶房いせはん　map.p126

贅沢な欲張りスイーツ♪

いせはん特製あんみつ　800円

ふっくら炊かれた丹波大納言小豆に抹茶ときなこのわらび餅、白玉、寒天、抹茶ゼリーと黒糖ゼリー、さらに豆乳ソフトクリームまでのった豪華な手作りの和スイーツ。営11:00〜18:30（18:00LO）休火曜（祝日は営業）☎075-231-5422

祇園きなな本店　map.p106

できたてがウレシイ!

できたてきなな　600円

丹波産黒大豆きなこを使ったプルルン、ツヤツヤのきなこアイスクリーム。工房が併設されているので、口どけも風味もいいできたてがいただける。卵、添加物、保存料は不使用。営11:00〜19:00（18:30LO）休不定休☎075-525-8300

Café冨月　map.p106

日伊おしゃれスイーツ♪

和風アフォガート　830円

イタリアのデザート、アフォガートの京都スタイル。小豆と白玉入りアイスクリームに、目の前で点ててくれる抹茶をさっとかける。元お茶屋さんというカフェ、坪庭を眺めながら、風情も満喫して。営11:00〜17:00（日祝〜19:00）休月曜☎075-561-5937

茶洛　map.p128

ふるふる、ふわり♪

京わらびもち　900円（10個入）

老舗旅館の御用達にもなっていたニッキ、抹茶、しょうがのわらび餅。ふるふると崩れそうでいながら、しなやかなコシと弾力があり、トロンと溶けていく食感と余韻がまた格別。営11:00〜16:00（売切れ次第閉店）休水曜・木曜☎075-431-2005

いっぷく処 古の花 map.p120

あま～い桃のシロップが最高！

もも氷　750円

ふんわりと削られた雪のような氷に、桃をまるごと使ったシロップがかかり、甘い桃の香りが口の中にやさしく広がる。不思議な食感と爽やかな余韻が心地いい。▶p120参照

大極殿六角店 甘味処 栖園 map.p110

抹茶ミルクに白玉も♪

宇治ミルク　700円

京都らしい坪庭がある老舗甘味処の定番。抹茶とミルクのまろやかな味わいに、やわらかな白玉も楽しめる。後から付け足せるように抹茶とミルクの別添えサービスもうれしい。営10:00～17:00 休水曜 ☎075-221-3311

夏しか出会えない「かき氷」もエエなぁ…

粟餅所 澤屋 map.p120

粟餅よ、こんにちは！

粟餅氷　600円

シンプルなみぞれ氷の中から、名物の粟餅・あんころ餅が顔をのぞかせる。食べ進むと、みぞれに上品なこし餡がとけて、あっさりとしたお汁粉風味になるのもオツ。▶p27参照

みつばち map.p126

甘酸っぱいあんずに夢中♪

あんずのかき氷　800円

干しあんずを煮詰めたトロトロの自家製あんずシロップがたっぷり！ シャリシャリの荒削りの氷とあんずの果肉がアクセント。添えられた豆かんはかき氷に入れてもいい。▶p126参照

一度は行きたい 老舗カフェ & NEWカフェ

イノダコーヒ本店
map.p110

京都の朝はここから始まる

昭和15年（1940）創業、京都に5店舗ある名物喫茶店。中庭もある広々とした空間を持つ本店では、看板メニューの「京の朝食」を目当てに行列ができる日もあるほど。特製の厚切りロースハムにふんわり玉子で朝から元気が出る人気の逸品だ。観光客だけでなく、新聞を読む年配客や出勤前に優雅なひとときを過ごす女性客など地元常連客も多い。

営7:00～19:45（モーニング～11:00）
休なし ☎075-221-0507

広々と開放的なホール席やテラス席、レトロモダンなメモリアル館などがある本店。ジュースとコーヒーがつく正統派の洋風朝食から、気軽なトーストまでメニューいろいろ

喫茶ソワレ
map.p138

幻想的なブルーに染まる
夜会のひととき

昭和23年（1948）創業。フランス語で夕暮・夜会を意味する店名のとおり、静かな海底を思わせるブルーの照明が印象的な老舗喫茶店。名物はソーダ水に入った5色のゼリーが宝石のように美しい「ゼリーポンチ」。恋人たちの夜会にふさわしいロマンティックなデザートだ。高い天井、太い梁、革ばりのソファなど、昭和レトロな雰囲気が味わえる。

営12:30～22:00（21:30LO）
休月曜（祝日の場合は翌日）
☎075-221-0351

ブドウをモチーフにしたデザインがレトロモダンな店内によく似合う。店内には東郷青児の美人画も飾られ、耽美的なムードが漂う。カラフルなゼリー入りサイダー「ゼリーポンチ」は650円

カフェブームの前から、京都では文化人や学生たちが集うサロンとして喫茶店が愛されてきた。そんな名物喫茶から最旬カフェまで、京都のカフェめぐりを楽しんでみては。

ZEN CAFÉ
map.p106

老舗の面目躍如の素敵さ
味、設えすべてを吟味

京の風情溢れる細い路地に、新しい京都が出現したかのようなモダンな外観。ここはくずきりで名高い老舗「鍵善良房」がオープンしたカフェ。設えも北欧風モダンな家具を中心に、骨董や現代作家の作品がさりげなく置かれ、落ち着いた空間を演出。ひとりでもくつろげるように個室風レイアウトがうれしい。特製くずもちやフルーツサンドがおすすめ。
営11:00～17:30　休月曜
☎075-533-8686

個室感覚にレイアウトされ、ひとり空間には本棚が設置されているという心配り。写真のくずもちはくずもちだけでも充分おいしい。材料、器も吟味され老舗のプライドを感じる

un café
Le Petit Suetomi
map.p111

時間をかけて培った
味と気品をいただく

京菓子の老舗「末富」と京都ホテルオークラがコラボしたカフェ。店内は「末富ブルー」を基調にしたインテリア。外に目を向けると高瀬川の一之舩入が望め、ゆったりとくつろげる。末富の予約販売が基本の生菓子や、ホテルメイドの自慢のあんぱんが人気。一保堂の煎茶と味わうもよし、コーヒーと味わうもよし。一流の味が気軽にいただけるのも魅力。
営10:00～19:00　休なし
☎075-211-5110

入口が狭く、細い通路の先に、こんな素敵なくつろぎの空間があることに驚く。さっぱりしたあんみつも美味だし、生菓子とお抹茶で季節を味わうのも京都らしい。末富の商品も販売されている

京の美味み

モダンな和柄がキュート

亀屋良長
宝ぽち袋 各756円
map.p111

「SOU・SOU伊勢木綿」とコラボした6種類のモダンな和柄から選べるぽち袋がオシャレ。中には打出の小槌や米俵、小判など和三盆糖を使ったパステルカラーの押物が入っている。営9:00～18:00 休なし ☎075-221-2005

UCHU wagashi
fukiyose (グリーン) 760円
map.p128

ニッコリ顔や飛行機など楽しいデザインの落雁に、色とりどりの金平糖をひとつのギフトボックスに詰め込んだ新感覚の吹き寄せ。クッション材入りなので持ち運びも心配なし。▶p129参照

イマドキの吹き寄せ

UCHU wagashi
animal 650円
map.p128

ハリネズミ、カバ、アシカなど動物たちの愛らしい姿が微笑ましい。和三盆糖をベースにしたバニラとココア味の落雁6個入り。30日間も日持ちするのでおみやげにピッタリ。
▶p129参照

百人一首を覚えよう！

小倉山荘 平安神宮前店
かるたあそび (おかき) 540円
map.p116

袋には百人一首と詠手の絵が描かれている、なんとも優雅なおかき。味は柚子みつ、サラダ、えびなど10種類。絵もいろいろで捨てるのをためらう。見て、詠んで、味わって。営10:00～18:00 休なし ☎075-762-0345

さすが京都、飴にも季節が

祇園小石
京の飴各種 各756円
map.p109

直火釜炊きの伝統技法で、京飴の味を守る小石。「ほうじ茶飴」などの定番に加え、4月「さくら飴」、8月「すいか飴」など四季折々の風情の飴は楽しく、おみやげにも最適だ。▶p109参照

京都にいる！を実感

京あめ処 豊松堂
舞妓さん飴 324円
map.p112

寺町通に面し、見るも楽しい飴たちが店先を彩っている。どれもほしい中の一点がこれ「舞妓さん飴」。眺めているだけで笑顔になる。
▶p112参照

やげ

大切な人へのおみやげは、味はもちろん見た目も大事。
ハイセンスなデザインと美味がうれしいおみやげ大特集。

千代紙の小箱が京都らしい

十六五
千代紙2段重ね 410円

map.p109

南座前にある豆菓子の店。カラフルな金平糖と、柚子や梅、ニッキなど大粒の五色豆が2段重ねの小箱に入っている。京都らしい千代紙の小箱は集めたくなるぐらいかわいい。▶p108参照

吉廼家
和菓子豆腐 411円

map.p128

1枚の絵のような楽しさ

春は花見、夏はアジサイ、秋は木の葉、冬は雪見など四季折々の京の風情を、口当たりのいいさっぱりとした水羊羹と和菓子の食材で表現した。デザインの愛らしさにほっこり。
▶p129参照

吉廼家
おとぎ草子 1080円（9個入）

map.p128

ひと粒の珠玉の物語

「一寸法師」「物ぐさ太郎」など室町～江戸時代にかけて作られた短い物語にちなんで創作された、手のひらサイズの和菓子。一つひとつ異なるデザインと味わいがうれしい。▶p129参照

和と洋の劇的コラボ

CAFÉ DU MON
大徳寺納豆カヌレ 650円（8個入）

map.p128

一休宗純が大徳寺に伝えたといわれる大徳寺みやげの定番「大徳寺納豆」を、フランスの焼菓子カヌレに合わせた新感覚スイーツ。ハチミツと洋酒の風味で一層リッチな味わい。▶p129参照

意外性のある京都みやげ

グランマーブル祇園
マーブルデニッシュ「京都3色」 1080円

map.p106

町家風の外観が花見小路にしっとりと溶け込んでいるグランマーブル祇園。2014年8月末のオープン。「京都3色」は抹茶・イチゴ・プレーンの味が味わえる。箱がまた素敵だ。営11:00～20:00 休なし ☎075-533-7600

京の和小物み

豊富な色柄がズラリ！

まつひろ商店 上七軒店
がまぐち小銭入 各756円
map.p121

職人がひとつずつ手作りする小銭入は、数百種類の和洋柄から好きなものを選べる。「がまぐち」専門の卸売りもする店だけあって、口金のアフターケアも無料なのがうれしい。▶p121参照

京都便利堂
絵はがき 1枚108円〜
map.p110

美術館や博物館所蔵の名品・名作の美術ハガキがそろう店。こちらは江戸時代から大正時代の染型紙をモチーフにデザインした、もらってうれしいお店オリジナルの絵はがき。10:30〜19:30
休水曜 ☎075-253-0625

小粋なデザイン♪

平安時代の動物キャラ♪

京都便利堂
鳥獣人物戯画シリーズ
スタンプ540円 シール324円
map.p110

所蔵先の高山寺認定、人気の「鳥獣人物戯画」シリーズ。相撲がえるをはじめ、相撲うさぎや猿追い猿など5種類あり、全部集めたくなる。シールもずっと眺めていても飽きない

食べられません。あしからず

京とうふ藤野本店
MEMO・YAKKO 389円
map.p120

豆腐屋さんで売られているので豆腐と間違えてしまうが、これは豆腐のパッケージに入ったメモ帳。フタには豆腐の原材料も書かれている念のいれよう。「YAKKO」という名前もいい。▶p121参照

京都の伝統がコラボ！

堀金箔粉
金平糖 1080円
map.p110

創業300年を超える金箔専門店に、こんなかわいい金平糖が売られているとは驚き。食用金箔の金平糖が入り、箱には季節の絵が描かれている。祇園祭には限定も販売される。8:45〜17:00
休土日祝日 ☎075-231-5357

ヤレげ

昔ながらの手仕事を活かしつつ、
モダンなデザインが魅力的な京都ならではの和小物たち。

アンティークな古布が新鮮！

京都 おはりばこ

古布の印鑑ケース
1944円

千鳥根付 648円

map.p128

古典柄のプリントではなく、本物の正絹古布を使っているのでデザインや風合いがなんともアンティークでオシャレ。根付とセットで買うと100円引き。オーダーメイドも可能。
▶ p129参照

カランコロン京都 清水店

あぶらとり紙 各378円

map.p101

京都みやげの定番「あぶらとり紙」が、色づかいも楽しい大胆でユニークなパッケージイラストで注目の的になりそう。外国へ行くとき、日本みやげとしても使いたくなる。
▶ p101参照

友達みんなに配りたい！

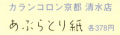

もったいなくて使えないのが難点

一筆箋

裏具

まめも 378円

map.p106

マッチ箱のような箱に入った小さなメモ帳。升目も絵も描かれているというこだわりは、裏具販売の和文具すべてにいえる。絵がまたひとひねりあり、一度でファンになる人が多い。営12:00～18:00
休月曜 ☎075-551-1357

まめも

これは布巾

心が豊かになるよ

竹笹堂

メモ帳 540円

map.p141

見つけたらうれしくなる、そんな木版手摺匠。手摺り特有の色や質感を生かした文具やインテリア商品が、京町家の店に並ぶ。写真のメモ帳も表紙が木版摺りで、季節の絵柄がある。営13:00～18:00
休日曜・祝日 ☎075-353-8585

omake

恵文社 一乗寺店

ナンシー関の
ご褒美シール 389円

独特のユーモアと鋭い観察眼で熱狂的なファンに支持された伝説の消しゴム版画家・コラムニストのナンシー関。あの方のシールを人気書店の片隅で偶然発見。これはレアかも!?
▶ p125参照

見つけたら即買い？

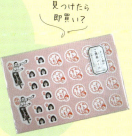

staff

取材・編集
森下圭　Kei Morishita
松崎みどり　Midori Matsuzaki

Design
大木真奈美　Manami Oki
宮崎瞳　Hitomi Miyazaki
熊谷昭典　Akinori Kumagai

Illustration
上坂じゅりこ　Juriko Kosaka

御礼後記
本書の編集にあたりましては、各社・各店の皆様より多大なご協力を頂戴致しました。末尾ながら、心より御礼申し上げます。

京都 旅ごよみ
古都の12か月 おとなの街歩き

2015年3月10日　第1版・第1刷発行

著　者　オフィス・クリオ
発行者　メイツ出版株式会社
　　　　代表　前田信二
　　　　〒102-0093東京都千代田区平河町一丁目1-8
　　　　TEL：03-5276-3050（編集・営業）
　　　　　　　03-5276-3052（注文専用）
　　　　FAX：03-5276-3105
印　刷　三松堂株式会社

●本書の一部、あるいは全部を無断でコピーすることは、法律で認められた場合を除き、著作権の侵害となりますので禁止します。
●価格はカバーに表示してあります。
©オフィス・クリオ, 2015. ISBN978-4-7804-1508-7 C2026 Printed in Japan.

メイツ出版ホームページアドレス　http://www.mates-publishing.co.jp/
編集長：大羽孝志　企画担当：折居かおる　制作担当：千代 寧